시조, 원심력과

구심력의 경계

시조, 원심력과 구심력의 경계

2022년 4월 21일 초판 1쇄 인쇄
2022년 4월 28일 초판 1쇄 발행

지은이 | 이달균
펴낸이 | 孫貞順

펴낸곳 | 도서출판 작가
    (03756) 서울 서대문구 북아현로6길 50
    전화 | 02)365-8111~2 팩스 | 02)365-8110
    이메일 | morebook@naver.com
    홈페이지 | www.morebook.co.kr
    등록번호 | 제13-630호(2000. 2. 9.)

편집 | 손희 김치성 설재원
디자인 | 오경은 박근영
영업 | 박영민
관리 | 이용승

ISBN 979-11-90566-34-6 03810

잘못된 책은 구입하신 서점에서 바꾸어 드립니다.

값 15,000원

시조, 원심력과 구심력의 경계

이달균 시조평론집

작가

머리말

원심력과 구심력의 경계 위에서

낯익음 혹은 낯섦

시조는 낯익다. 700년 전통과 고유한 형식을 가졌으니 당연하다. 하지만 모든 것이 변한 시대에 시조라고 예전의 것과 같을 수는 없다. 그러므로 낯섦으로 가는 문 앞에 선 시조인을 만나면 반갑다. 현대적 가치와 효용성이 바로 현대시조의 존재 이유가 아니겠는가.

실험과 소통

시조는 늘 경계 위에서 꿈틀대며 살아 있다. 끝없이 일탈하려는 자유의지가 원심력이라면, 반드시 지켜가야 할 정형이 바로 구심력이다. 결국 이 원형의 팽팽한 경계 위에서 끝없이 실험하고 소통해 왔다.

바람은 늘 목마르다

도리깨가 요긴한 농기구였지만 기계농 시대엔 종말을 고하고 만다. 시를 받들어 문자에 매이지 않는 영혼을 갖기 위해서는 우선은 문자에라도 천착하는 시인이 많아야 한다. 이런 바람이 우릴 목마르게 한다.

떠나보내며

경계와 구도를 통해 어떤 장르를 정의한다면 시조가 답이 될 수도 있겠다. 그런 생각으로 써 온 산문들이다. 여러 지면에 발표한 열여덟 분 시조인들의 시세계를 한 권 책으로 엮는 일엔 용기가 필요했다. 본격적인 연구는 다른 연구자들에게 맡기고, 부족하나마 바다로 떠나보낸다.

2022년 봄, 이달균

이달균 시조평론집

차 례

머리말 04

1부 바람집에서 만난 시간의 흔적

장순하 치열한 실험과 휘몰이조調로 풀어낸 가락의 시인 11
윤금초 시조집『뜬금없는 소리』에 대한 단상 28
박시교 시선집『세상에서 가장 아름다운 이름』서평 35
이우걸 시집『나를 운반해온 시간의 발자국이여』서평 54
서우승 시인과의 산상대담山上對談 66
이승은「고모역」엔 시간의 부스러기들이 있다 83

2부 닫힌 듯 열려있는 정형 미학

오승철 시집『사고 싶은 노을』서평 93
구성진 창보唱譜처럼 읽히는 신웅순의 시조미학 101
문태길 시집『청진기 앞에 서다』서평 115
강호인 시조세계 128
시간의 나침반을 읽다 146
결핍을 춤추는 생명의 제의祭儀 157

3부 완성을 향해 가는 부단한 탐구

견고한 내면, 그 소통을 향한 창窓 169
굳건한 생을 염원하는 무한긍정의 시학 185
현대성을 향해 가는 명랑한 음표音標 197
촛불의 다비식을 위한 탐구 209
심안의 지혜를 얻기 위한 묵중한 질문 229
시의 성소聖所를 가진 광기의 시인으로 태어나라 246

1부
바람집에서 만난
시간의 흔적

장순하, 치열한 실험과
휘몰이조調로 풀어낸 가락의 시인

― 제1시조집 『백색부白色賦』, 제2시조집 『묵계默契』를 중심으로

1. 들어가는 말

사봉 장순하史峯 張諄河는 한국문학사에 오롯이 한 자리를 차지한 시조단의 사표이며 현역시인이다. 시조뿐 아니라 평론, 수필, 한문집漢文集 역주譯註, 편저에 이르기까지 그 범위는 방대하다.

백수 정완영은 『장순하 문학전집』 발간 축하의 글에서 "全生을 이 길에 기울여 온 道伴이었고, 어쩌면 문학 이전에 求道者的 몸가짐을 가진 시인이다."라고 쓰면서 두수의 시조를 지어 시인을 정의하였다. 그 첫수를 옮겨보면 "세상을 살아가는 법도 한 치 흔들림이 없고/시를 하는 법도 여물기가 그 鑛物性/史峯은 단단했었네, 늘 나의 본보기였네."라고 노래하였고, 같은 책에서 시인 윤금초는 "우리 문학사를 화려하게 장식한 선생님의 정형시나 시조 관련 논문은 누가 뭐라 해도 후학들의 '사표師表'처럼 돌

올한 것이 아닐 수 없다. 몸과 마음의 오감으로 시를 받아낸 선생님의 독특한 필법은 하나의 전범으로 우리 곁에 '옹근 자리'를 차지하고 있다."라고 칭송하고 있다. 이 글들은 한 시인에 대한 의례적 상찬이 아니라 문학과 삶 본연에 대한 것임을 대부분 공감한다. 인용한 각각의 글 중 '광물성'과 '오감으로 받아낸' '독특한 필법'은 장순하 문학 전체를 관통하는 주제어로 삼을 만한 것이기에 특히 눈길을 끈다.

한 거장의 문학을 돌아본다는 것은 필연의 것인 삶까지도 되짚어본다는 뜻이기에 통시적 관점이 필요하다. 그러나 필자의 부족한 능력으로는 깊고 그윽한 심연은커녕 편편의 기와로 지은 고택의 거미줄 한 가닥에도 다가가기가 쉽지 않다. 선생은 이미 산처럼 우뚝한 존재이기에 폭포와 여울의 계곡을 헤아리며 바위나 초목의 기괴하고 다양함을 제대로 그려낼 수는 없는 한계를 갖고 있다. 그러므로 오늘 이 졸고는 장님 코끼리 더듬는 시늉에 불과할 뿐임을 고백하면서 서두를 시작한다.

2. 『백색부白色賦』, 통시적 관점의 활달한 보법

    정적이 아람처럼 또오똑 여무는 밤
    결코 복수複數일 수 없는 나의 눈발 한 가닥이
    지그시 과녁 안으로 죄어드는 저 초점.

    강이며 산맥이며 짚어가던 그 손가락
    이건 무어냐고 재쳐 묻다 잠이 들고

호젓이 벽을 바라고 몰아쉬는 숨결이여.

화랑 젊은 손은 세 나라도 모았거니
만萬이 3천이면 하늘인들 못 돌리랴
두둥둥 북을 울려라 메아리도 울어라!

이제 벽은 무너지고 하늘 다시 열리는 날
열 두 줄 가야금의 청아한 목청이랑
닐리리 새옷 바람에 덩실덩실 춤추리.
 -「관도觀圖」 전문

  이 작품은 1957년 개천절 경축 제1회 전국백일장 장원작으로 원제는 '대한 통일'이었는데 나중 시집 『백색부白色賦』에서는 「관도觀圖」란 제목으로 고쳐 수록한다. 시인이 데뷔작으로 꼽았으니 살펴볼 의미가 있다. 지도를 펴놓고 묻고 또 물으며 강도 짚어보고 산맥도 짚어보던 어린 손가락은 오므린 채 깊은 잠에 든다. 젊은 화랑들의 호연지기는 3국을 통일한 밑거름이 되었으니 3천만이 간절히 바란다면 어찌 하늘인들 감복치 않을 것인가. 벽 무너지고 통일된 그날, 열두 줄 가야금이여 덩실덩실 춤을 추자.
  이렇게 노래한 4수의 연시조는 눈여겨 봐야할 이유가 있다. 50년대 한국문학은 전후의 필연적 산물인 퇴폐와 허무주의를 노래하던 한 부류가 있었고, 다른 한편에선 모더니즘 운동에 힘입어 보헤미안적인 자유분방함을 노래하는 일군의 시인들이 있었다. 그런 시인들은 대부분 서구적 정서에 의존하는 경향이 지배적이었는데 반해 이 작품은 철저히 한국적 정서와 건강한 남성성을 드러낸다. 흔히 한국적이라면 애잔함과 여성적 한의 정서를 떠올리기 쉬운데 이 작품은 산맥을 달려온 천년의 역사와 웅혼한 기상을 드러내는데 주목해야 한다. 이런 경향은 장순하 문학의 시발점이면서 지향점이 아닌가 하는 생각이 든다.

"거북아 거북아 머리를 내놓아라"

영산강 강바닥에
빈 껍질 벗어 놓고

어디로 내달았기에
날은 이리 말짱하냐.

우리야 언제라도
의지 없는 외톨배기

구간九干들 구지봉에
무릎 꿇어 감축感祝하던

소리여
"게 뉘 있느뇨."
그 소리여 없는가!

"거북아 거북아 구워서 먹으리라"
"머리를 안 내놓으면 구워서 먹으리라"

무등산無等山 지리산智異山 마루
무제가 탄다
가슴이 탄다.
- 「구지신가龜旨新歌」 전문

1968년에 발행한 첫 시집 『백색부白色賦』의 특징은 제재 면에서는 작가가 직면한 '지금 여기'에서 한반도와 누천년 민족의 역사를 노래한 작품이 주를 이루고, 형식면에서는 「유방乳房의 장」, 「행주치마의 장」, 「비말飛沫의 장」, 「소복素服의 장」, 「사념思念의 장」, 「벼꽃의 장」, 「첫눈의 장」, 「자작나무白樺의 장」, 「백송白松의 장」, 「모시의 장」, 「백설의 장」 등 특정 제목을 차용하였지만 소재에 국한되지 않으려는 창작의도의 확장을 꾀하고 있다.

위에 인용한 시는 우리에게 너무나 잘 알려진 가야설화의 구지가龜旨歌를 빌려와 민족(정신의 자긍심)의 무궁과 번영을 염원하고 있다. 수로왕과 6가야국 탄생 설화를 제재화 했지만 수로왕과 대가야에 국한되는 시조가 아니라 우리 국토 전체를 통괄하는 것으로 의미를 확장시키고 있다. 다시 말해서 영산강, 무등산, 지리산 등을 포함시켰지만 드러내지 않은 행간엔 금강산, 북한산, 백두산 등등도 포함되어 있음을 읽을 수 있다. 구지가는 가야에 국한된 지역, 가야탄생의 노래에 그치는 것이 아니라 민족의 탄생과 무관치 않다는 시원의 확장을 의도하고 있다.

이런 노력은 여러 시편들에서 드러난다. 이를테면 「비말飛沫의 장」에선

"백두 금강이야/새나 나는 먼 구름 밖//얼음 같은 가야伽倻 홍도紅濤/수정 같은 북한산수//바다와 겨룬 정방正房을/휩싸 흐른 설악 산골."로 첫수를 마무리 짓고 있다. 백두금강은 아름다운 '북한산수' 한 폭이 아니라 '바다와 겨룬 정방正房', 즉 설악과 태백산맥을 흘러 제주 정방폭포의 물줄기가 되어 한반도를 감싼 바다 3면에 닿아 있다고 말한다. 또한 「백송白松의 장」에선 '서울 통의동 백송'을 말하면서 '히말라야 정수리거나 백두산 천지 둘레'로, 상상력의 무한 확장을 꾀한다.

첫 시집인 『백색부白色賦』를 통해 보면 장순하 시인은 하나의 주제어를 통해 미시적 관점으로 천착해 나가는 시법보다는 통시적 관점에서 활달한 보법을 펼치는 시인으로 인식된다.

다른 관점에서 살펴보면 전체 41수 중 단수는 「백설의 장」과 '시각서정'이라 붙인 「고무신」을 포함하면 2수밖에 없다. 물론 「조한釣閑」이 '아침', '낮', '저녁' 소제목 아래 한 수씩, 「동물지動物誌」가 '달팽이', '염소', '코끼리', '황새', '소' 등 각각 한 수씩이니 이 또한 엄밀한 의미에서 단수라고 보긴 어렵다. 거의가 3수 이상 4~5수 정도의 연시조들인데 이는 그만큼 할 말이 많았다는 증거이기도 하겠다.

장택고씨부인, 이는 이름 한 자 없는 우리 할머니의 장황한 호칭

호적을 들추면 고씨 가문에가 아니라 홍성장씨의 호구에 자리하여 90춘추. 진실로 한 생의 수운數運이란 것이 제 뜻 아닌 고작 몇 글자의 붓끝으로 까불림을 뼈로 보노니, 개국開國에 나서 서력西曆으로 가시는 동안 숱하게 굽이친 물결, 도도히 흘러간 핏빛 물결은 흰 옷자락을 점점이 물

들이고 덩시렇던 노적 터에 길길이 억새만 가꾸었다. 목소리 담 넘을세라, 조신한 이 땅의 아낙으로 시원히 한가락 뽑안들 보았으랴만, 어버이와 지아비와 그 아들의 잎그늘 사이로만 날아 온잿빛 산비둘기, 이제 마지막 한 줄 사유를 보태고 더 큰 가지에 날개를 접도록 한마디 구구 소리도 없었건만, 탯줄에 주저리 열린 일곱 남매, 그 중 앞서 비인 한칸에

    홍건히 고여 있고녀! 단 하나 당신의 뜻.
   -「장택고씨부인전」 전문

   5부는 사설시조로 구성했는데 이 부분에서 시인의 열정과 탐구심을 엿볼 수 있다. 이 시집 추천사 격으로 쓴 글에서 노산 이은상은 "현역 시조 작가들은 거의 다 이 사설시조나 엇시조에 대해서 등한히 하고 있는 것에 반해서, 사봉은 굳이 이 산문시조散文時調라 할 수 있는 긴 형식의 것에 관심을 기울이는 만큼 눈에 띄는 일이 아닐 수 없다."라고 밝히고 있다. 노산의 글이 아니더라도 이즈음의 시조에선 사설시조나 엇시조 창작은 흔한 것이 아니었다.
   이 글에서는 작품 내용에 관한 분석은 뒤로 미루고 그 의미를 짚어보기로 한다. 사설시조는 문자로만 이뤄진 시조 이전의 노래시〔歌曲〕이지만, 시인은 타령조와 빠른 보법을 들고 와 사라져버릴 우려가 있던 사설시조를 훌륭히 재현해 내었다.
   시인이 굳이 엇시조와 사설시조를 들고 나온 것은 평시조에선 다 담기 어려운 사연들을 시조 속에서 용해하고자 하는 욕구가 있지 않았을까 생각된다.「장택고씨부인전」의 주인공인 장택고씨부인은 시인의 조모님으

로 긴 이름을 가졌으나 정작 본 이름은 불리지 않은 채 한 생을 마감했다. 결국 장택고씨부인은 우리 모두의 할머니들이 그러했듯이 "한 마디 구구소리도 없"이 "탯줄에 주저리 열린" 자식들 건사하며 인고의 시대를 감내한 옛 여인네의 초상화를 그린 것이다.

이 글을 읽으면서 특히 주목한 부분은 시편들 곳곳에 내재한 우리 가락에 대한 애정과 넌출거리며 이어지는 타령조의 구성진 입말이다. 이 작품은 물론 「뇌병원 분원」에선 "구성머리 없는 꺾다리로 우주라도 산책하듯 우쭐거리는 꼴이라니, 도깨비춤이라는 게 저런 걸거라 아마.", 「나비의 장」에선 "눈 뜨면 장다리밭에서 너울너울 춤추고, 그리고 무배추의 아들들과 또 그 손주들과 춤추고…./나비야 하얀 나비야, 나도 한잠 잘꺼나.", 「기원起源의 장」에선 "남실대는 혓바닥, 정에 주린 손톱들이 활활 모닥불로 타오르는 둘레를/비잉빙 너울거리는 선무당의 쾌자 자락."으로 노래된다.

이렇듯 다양한 관심과 가열한 창작욕구, 치열한 실험의지는 현재에 이르기까지 후배 시인들의 모범이 된 경우라고 생각된다. 대부분 첫 시집은 습작기의 작품들, 무르익지 않은 풋것 그대로의 모양을 드러내는 경우가 많다. 하지만 이 시집은 시인이 집중적으로 천착해 온 경향은 물론, 새롭게 정립해야 할 방향성까지를 제시한 드물게 보는 시집이라 생각된다.

3. 『묵계默契』, 천부적 시재의 자유자재함

1974년에 제2시집 『묵계默契』를 출간한다. 첫 시집과는 6년 터울이 있으므로 다소 긴 시간이 요소되었다. 그러나 1969년부터 시전문지 《한국

시단》 월평을 비롯, 《현대문학》, 《월간문학》, 《한국문학》, 《시문학》, 《현대시학》 등 잡지에 시조이론과 월평, 연평 등을 발표하면서 시조문학의 격을 높였고, 중흥에 힘쓴 시기이므로 그 터울은 일견 당연해 보인다. 직장과 가정적으로도 변화를 겪던 시기였다. 기존의 직장을 그만두고 출판사를 차려 새로운 출발을 시작했으나 도산의 아픔을 겪었고, '10월 유신'이란 시대적 고통과도 직면하는 시기였다. 그러나 그런 위기는 오히려 왕성한 집필의욕을 회복케 하는 계기가 되었다. 이런 암중모색의 시기에 또 하나의 결실을 거뒀는데 1969년 시인을 중심으로 '탁족회' 모임을 시작했는데, 현재의 '오늘의 시조시인회의'의 모태가 되었다.

부시시 자리를 털고
동사動詞들이 일어난다

굼벵이는 땅 속에서
경칩알은 물고에서

저마다 기지개 켜고
활용活用들을 시작한다.

형용사形容詞도 일제히
활용을 시작한다

민들레는 길섶에서

산수유는 가지에서

비단필 마름질하여
끝동 대고 고름도 달고,

철 아닌 강추위에
강물은 되얼어도

매운 바람 사이
모닥불 나는 불티

보아라 변칙變則 속에도
어김없는 저 이법理法.
 -「문법文法하는 계절」전문

 이 작품은 2000년대에 발표되어도 전혀 이상하지 않을 정도로 현대적 감각이 돋보인다. 계절의 이법을 문법의 맥락으로 이해하는 시인의 혜안을 본다. 매미가 되기 위한 굼벵이의 기지개를 활용이라 보고, 경칩에 깨어나는 만물들을 동사로 인식하는 시각은 매우 신선하다.
 또한 만물의 형상이 자연 속에서 변하는 모양을 형용사의 쓰임처럼 그려낸다. "민들레는 길섶에서/산수유는 가지에서//비단필 마름질하여/끝동 대고 고름도 달고" 같은 표현은 형용사와 유사함을 나타낸다. 길가 민들레는 비단필 마름질로 형용하고, 가지에 노랗게 피어나는 산수유는 가지의 끝동이며 고름을 형용한다. 거기에다 예기치 못한 꽃샘추위는 변칙이지만 그 변칙마저도 '어김없는' 세상의 '이법理法'으로 이해한다. 즉 예외 없는 법칙이 없음이 바로 예정된 이법이란 것이다.

두 번째 시집에 이르면 어떤 소재도 시화할 수 있음을 보여준다. 위 시를 포함하여 「묵계默契」, 「무無」, 「혹惑」, 「유예猶豫」, 「구심求心」, 「허虛」 등은 철학적 명제를 던지는 작품들이다. 「구심求心」은 "나의 하루는/구심하는 팽이 꼭지//반지름 안에서는/태풍이 휘몰아치고//준절한 채찍으로만/겨우 몸을 가눈다"로 되어 있다. 팽이는 언제나 바깥을 지향한다. 그러나 구심으로 향하지 않으면 금세 쓰러지고 만다. 돌아갈수록 단순한 그림을 그려내는 팽이의 반지름 속엔 우리가 가늠치 못할 태풍이 휘몰아치고 있다. 그런 상태를 지속할 수 있는 것은 오직 준절한 채찍뿐이다. 결코 시대를 말하지 않았으나 시대의 광풍이 내재되어 있고, 굳건한 중심을 말하지 않았지만 견제와 일탈의 균형을 웅변한다.

이 시집을 읽으면서 미소와 여유를 얻게 되는 것은 또 다른 즐거움이다. 대부분의 작품들이 다소 무겁고 철학적인 내용을 띠고 있다면 9개의 소제목으로 이뤄진 「부산 희신戱信」은 매우 일상적이고 유쾌한 일면을 지닌다. 첫 번째 시조인 「사투리」는 "동래東萊예?/여기가 바로 동래 아입니꺼?/부산 어린이는 사투리에 천잽니다/자라면 경상도말을 썩 잘 하겠습니다."라며 천진한 부산 어린이의 사투리를 앞세우고 시작한다. 첫 마디를 '동래예? 여기가 바로'로 표기하지 않고 첫 음수를 한 행으로 처리하는 파격은 당시로선 흔치 않은 파형이다.

다섯 번째에 해당하는 「자갈치 시장」은 더욱 재미있다. "전어, 갈치, 소라, 굴이 늘어앉았습니다/고구마, 옥수수도 간간이 끼였습니다/이 근처

바다에는 이런 것도 잡나봐요."이 시조를 읽고 미소를 짓지 않을 이는 없으리라. 자갈치 시장이라고 해도 고구마와 옥수수 등속이 없을 수 없다. 이걸 보고 부산 바다에는 고구마도 옥수수도 잡나보다 하고 노래한다. 아홉 번째 작품인 「태종대」 역시 동시조의 전범을 그려낸다. 새 배의 진수식을 보면서 중장과 종장에서 "오색 깃발, 징 꽹과리, 떡 과일도 있습니다/ 용왕은 애들인가봐 저런 거나 좋아하게."하며 어린이의 시각과 음성을 차용해와 마무리 짓는 이 동심의 상상력은 동시조의 멋진 본보기가 된다.

그러나 이 정도로 장순하의 실험은 그치지 않는다. 그 실험의 정점에 이 작품이 있다.

한 뼘 햇살마저
인색하는 세모한천歲暮寒天

밤나무, 나도 밤나무
가름 없는 고개에서

삭풍 표표히 울고
치를 떠는 산초 나무.

그 가지 가시 끝에
매달린 하늘타리

나는 보았네

아, 그 쭈그러진 몰골 속에

한두 알 숨죽인 씨앗

네게 있음을.

-「삭풍朔風속에」전문

  이 작품을 논하기 전에 이 시집 해설인 윤금초의「진지한 실험보고서」를 인용한다. "대담하게도 첫째 수 종장 첫 구에 2자를 쓰고 있다. 필자가 알기로는 의도적으로 이렇게 쓴 예는 시조사상 처음일 것이다. 그는 자수字數를 거부하고 음수音數를 주장한다. (「종장 첫구 3자는 과연 성역인가」삼장시三章詩 주최 시조문학 세미나,《풀과 별》통권 22호). 그는 비록 2자로도 장음이 끼어들면 3음보 구실을 하는 것이라 하고, 그 실증으로 이것을 제시했다. 즉 '삭풍'의 '풍'이 지니는 여운으로 해서 2자지만 3음보가 된다고 주장하는 것이다. 또 그는 사설시조의 종장 첫 구에 4자를 쓰고 고시조의 예로써 자신을 변호한다."

  이 글은 첫수 종장 "삭풍 표표히 울고/치를 떠는 산초 나무."에 대한 것이다. 종장 첫 3음보를 '삭풍' 2자로 적고 '풍'이 2음의 여운을 지녔기에 3음보로 치고 썼다는 것이다. 또한 사설시조와 평시조를 혼작한「뇌병원 분원」에는 첫 사설 종장 첫 구 - 하릴없는 건어물전 머리 가오리 새끼거든 -을 과감히 4자로 쓰고 있다. 이는 무모한 시도가 아니라 시조가 노래에서 비롯된 것이고, 시조인이라면 시조가 노래에서 발원한 것임을 알고 써야 한다는 점을 강하게 주지시키는 예가 아닌가 한다.

  비록 한 수의 작품을 예로 들었지만 종장 3자를 2자로 표기하고, 이것을 자신의 주장 속에 담은 것은 파격 중의 파격이 아닌가 생각된다. 현대시조에서 종장의 3자와 다음 음보인 5자 이상은 움직일 수 없이 정해진 법칙이 되어 있지만 『해동가요』나 『청구영언』 등의 옛 서적에는 이를 완전히 지키지 않은 작품들이 상당수다. 이들 책들은 노랫말을 엮은 것이기에 음의 늘임과 줄임으로 인해 자수에 얽매일 이유는 없었다. 하지만 현대시조의 경우에는 언어만으로 된 시조이기에 반드시 자수를 지켜야 한다는 보편성이 굳어진 탓이기도 하고, 자유시와의 변별성을 갖는 최상의 이유로 의무규약이 되어 있다. 그러나 장순하 시인은 음의 여운이 길면 2자로 줄일 수도 있고, 짧은 음운으로 이뤄지면 4자로 늘여 쓰되 3자처럼 읽을 수 있다고 주장한 것이다. 비록 이런 파격 실험이 성공을 거두진 못했다고 하더라도 창작과 제언이란 측면에서 보면 상당한 무게를 가진다고 생각된다.

사람이 얼마든지 미천할 수 있다는 걸 알려거든

각설하고 통금 위반쯤으로 즉결 심판소에 가서, 소매치기 들치기 날치기 좀도둑 그들의 왕초인 깡패들과 매춘부와 그들의 끄나풀과 포주와 그밖에 온갖 잡것들이 우글거리는

철창 안 짐승 우리에서 하루쯤 지내보라.

영하 십 몇 도에 저녁 아침 점심 굶으면
한약국 파리똥 앉은 천정의 대못 끝에 매달려 한들거리는 하눌타리
빛바랜 종이 쪽지엔 "국수 40원, 계란 20원…"

– 「배리背理」 전문

　이 작품은 첫 시집에 본 사설시조의 일면을 다시 읽을 수 있다. 정격에서 보인 품격을 사설에선 단숨에 허물어 버린다. 시법에서뿐만 아니라 소재도 저변을 훑는다. 이 시 역시 그러하다. 여러 인간 군상들을 한꺼번에 볼 수 있는 곳이 통금 위반 '즉결 심판소'였다. 고매한 존재들과는 거리가 먼 온갖 잡것들, 소매치기, 들치기, 날치기, 좀도둑, 깡패, 매춘부, 포주 등이 우글거리는 곳이 그곳이다. 시인은 이들을 열거하면서 쉼표를 찍지 않았다. 이는 다분히 의도적이다. 앞말이 뒷말을 잇고, 그 여운이 사라지기 전에 다시 다음 말을 잇는 방법은 사설이 갖는 묘미를 제대로 살리기 위함이다. 그런 입말의 장점을 더욱 실감나게 표현하기 위해 일부러 쉼표를 생략한 것이라 생각된다.
　이렇듯 독자를 자신이 의도한 곳으로 이끌어 가는 자유자재함과 시를 밀고 가는 저력이 돋보인다. 화초처럼 가꿔진 재능이 아니라 야산에서 찬비와 휘몰아치는 바람에 단련된 시인임이 드러난다. 이 작품뿐만 아니라 「삼청로 소견」, 「복권」, 「실의 시대」, 「의식」 등 이 시집에 실린 엇시조와 사설시조들은 그런 필요충분조건을 다 갖춘 시인의 실험이다.

4. 끝맺는 말

　이 글에서 6권의 시집을 다 말하기엔 한계가 있다. 그러나 초기 2권의 시집을 대상으로 장순하 시인의 시 세계를 살펴보는 것도 의미 있다고 생각한다. 말년에 시조의 대중화를 위해 의욕적으로 창작한 '경시조'는 이 글에서 거론하기에는 무리가 있어 생략한다.

사족처럼 한 마디 덧붙이자면 장순하 시인을 말하면서 「고무신」을 거론하지 않을 수 없다. 당시로서는 매우 파격실험인 「고무신」은 많은 평문에서 거론되었으므로 굳이 이 글에서 거론할 필요를 느끼지 않는다. 하지만 2016년 노벨문학상 수상자로 밥 딜런이 결정되었을 때 찬성하는 일군과 부정하는 일군으로 극명히 갈리는 것을 보면서 장순하 시인을 떠올리지 않을 수 없었다. 부정하는 이들의 견해는 "문학은 어디까지나 언어만의 것이지 음률에 얹힌 노랫말의 감동을 과연 시적 감동으로 이해해야 하는가?" 하는 것이었다. 그때 문득 떠오른 시조가 바로 「고무신」이다. 네모난 칸 안에 단란히 앉은 '하나 둘 세 켤레'는 언어이면서 분명 그림의 요소로 등장되었기 때문이다. 하지만 이 작품이 교과서에 실린 것을 보면 논란보다는 이 새로운 실험이 동시대인의 공감대를 형성한 예가 아닌가 싶다.

장순하 시조를 생각하면 휘모리장단이 떠오른다. 기본에 충실하다가도 문득 파격의 일탈을 즐기는 신명, 북장구를 울려 한곳으로 마구 휘몰아치는 열정이 특별하다. 고품격의 충실한 정격, 사설, 사설과 평시조의 혼작, 시각화 실험, 종장 파괴 등을 실험하는 한편, 내용으로는 역사, 철학, 소외된 이들에 대한 애정, 거친 군상들에 대한 눈길 등으로 끝없이 변주된다. 어쩌면 시조로 실험할 수 있는 모든 것을 이미 실험해 버린 시인이 아닌가하는 느낌을 지울 수 없다.

이런 확연한 장점들은 시조에선 매우 중요한 요소다. 주지하는 바와 같이 시조에서 늘 우려하는 것은 정형에 얽매이다 시 본연을 잃어버리는 것이다. 그런데 이들 시편들을 통해 정형은 그대로 지키면서 어떤 내용이든

3장 6구로 녹여낼 수 있음을 훌륭히 보여준다. 이런 결과물이 바로 미래 시인들에게 끼친 공적임은 분명해 보이다. 그런 다양성과 치열한 실험정신이야 말로 시조의 미래를 융성케 하는 원동력이다.

- 한국시조시학회 세미나. 2017년 7월 1일

윤금초 시조집 『뜬금없는 소리』에 대한 단상
― 모국어의 운용과 풍성한 넌출거림

윤금초 시인의 제3회 조운문학상 수상시집 『뜬금없는 소리』(2018. 고요아침)를 읽으면서 먼저 '시인의 말'에 주목했다. 1966년 등단 후 시력 52년이 지났고, 시조라는 장르를 가슴에 품고 예까지 걸어온 시인은 어떤 생각으로 오늘을 살까 하는 의문은 당연하다.

시인은 나약한 글쓰기에 함몰되지 않기 위해 "21세기 문법과 언어를 길들이며 '뒤집지 않은 전병'의 이중성을 멋있게 극복"할 수 있기를 염원해 왔다. 그런 희망은 시를 쓰는 시인이라면 당연히 가져야 하는 성취이기에 그 글 속에 감춰둔 것이 무엇일까를 곰곰 생각했다.

그랬다. 돋보기를 들고 내가 바라본 윤금초 다운 시법은 평소 자신의 말 속에서도 역설적으로 존재하고 있다. 한 뼘 갸웃 자라난 귀가 줄곧 열려있기를 바라면서 "몸이 당최 만연체여서 군말이나 부둥켜안고" 버르적거려 온 어떤 것을 경계하고 있는데, 나는 차라리 버리지 못해 부둥켜안고 온 그 만연체의 언어들이 가장 윤금초의 시법을 말해 주지 않을까 생각했다. 이 책에 실린 '시인의 말' 한 부분을 인용해 본다.

"종심소욕從心所欲…. 일흔 나이의 다른 말이 종심이다. 그 '종심을 넘긴 지도 여러 해 흘렀다. 저물면서 더욱 붉게 타는 저녁놀, 놀빛이 무르녹을수록 곱다는 핑계대고 여태 붓을 꺾지 못하는 어릿광대라니. 〈중간생략〉 남이 미처 섭렵하지 못한 우리 정형시의 여러 장르를 골골샅샅 짚어내기란 글쎄, 그렇게 수나롭지 않았음을 고백한다."

누더기처럼 시인을 따라다니는 군말은 태생적으로 갖고 태어난 전라도 해남 방언이거나 일도양단할 수 없는 한의 사설을 뛰어넘는 흥타령 같은 것들이 아닐까 여겨진다. 이 시집 역시 예전에 상재한 사설시조집 『주몽의 하늘』에서 보여준 연장선상에서 풍성한 말의 성찬을 보여준다. 그의 관심은 늘 한 편의 시 속에 하나의 이야기를 담는 것이었다. 담는다는 표현보다는 풀어낸다는 표현이 더 적절해 보인다. 과거에 주장하던 옴니버스시조(평시조와 사설시조가 혼용된 형태)가 그런 구조를 대변하는데 결국 한 편 한 편의 각각 다른 시조들이 시집 한 권 속에 서사로 묶이는 형태를 취한다.

일부러 그런 형식을 취하지는 않았겠지만 구구절절 얘기를 갖는 시조를 창작하다 보면 종국에는 그렇게 귀결되고 만다. 한마디로 말해서 얘기꾼이 아니면 결코 쓸 수 없는 작품이다. 우리는 개성 없이 초·중장을 이어오다 겨우 종장에 가서야 얄팍한 말 부림으로 시조 한 수를 써내는 시인들을 볼 때가 있다. 저력을 보여주지 못하는 시인에게서 두터운 신뢰를 갖긴 어렵다. 윤금초 시집은 그런 갈증을 단박에 해결해 준다.

열은 끝이 있어두 아홉은 끝이 없는 수여.

　　하늘에서 가장 높은 디는 구민九旻이구, 땅에서 가장 높은 디는 구인九仞이구, 땅에서 가장 깊은 디는 구천九泉이여. 그 뭣이다 넓으나 넓은 하늘은 구만리장천九萬里長天이구, 넓디넓은 땅덩이는 구산팔해九山八海이구, 나라에서 가장 큰 관가는 구중궁궐이구 말구. 또 있다니께. 가장 큰 민가는 구십 구칸이구, 집구석만 컸지 살림살이 째고 쪼들리면 구년지수九年之水이구. 그 땜시 수없이 태운 속은 구곡간장九曲肝腸이구, 수없이 죽다 살았으면 구사일생이구, 그렇게 수없이 넹긴 고비는 구절양장九折羊腸이구, 어찌어찌 셈평이 펴이어 두구두구 먹구 살만치 장만해뒀으면 구년지축九年之蓄이구… 열버덤 많은 수가 아홉인 겨. 아홉은 무한량 무한대 무진장을 가리키는 수가 없는 수니께. 암, 암.

　　열버덤 열 배는 더 큰 수가 아홉이구 말구, 참말루!
　　-「뜬금없는 소리 3」 전문

'아홉 구'를 두고 이렇게 구성지게 말을 풀어낼 시인이 있을까. 재미도 있고 미처 몰랐던 우리말에 새삼 고개를 끄덕이게 하는 능청이 다음 구절을 읽어내게 한다. 사랑방에 모여 앉아 구 자로 시작하는 말을 주워섬기는 놀이와 같은 내용을 한편 사설로 펼쳐내는 힘은 분명 시인의 저력이다. 그런데 이런 시 한 편이라면 또 모르되 사설시조집 한 권에 이런 식의 사설시조가 일백 하고도 여섯 수라니, 과연 말 부림의 경지가 아닌가 싶다.

이렇듯 「뜬금없는 소리」 연작은 윤금초 사설시조의 특징을 잘 보여준다. 기실은 오래 꿍쳐둔 이야기지만 아닌 척 슬며시 풀어내는 입심이 가히 구절양장이다. 거기다 남도 특유의 장단과 가락이 구수한 사투리와 어울려 감칠맛이 난다.

이 시집에서는 노련한 문사의 체취가 묻어난다. 특히 시어의 자유자재함이 눈길을 끈다. 다음은 대충 일별해 본 부분들이다. "으능잎도 다 이운 자리", "배돌던 무명씨같이", "울금빛 궐기를 한다", "바람 든 잇바디 사이", "물너울 휘적 건너 번지는 꽃내 훔쳐 맡고", "죄임성 있고 지닐성 있게 잇속 챙길 겨를 없이"…

구절구절마다 시어사전에 등재되어야 할 표현들이 많다. 시인 본인이 아니면 독자가 다 해득하기 어려운 방언과 사어들을 이렇게 맛깔나게 재생시킨 시집은 드물다. 시인은 죽은 언어를 살려내고 흙속에 묻힌 말들을 닦아내어 보석으로 빛나게 해야 한다. 이 시집은 그런 소명을 충실히 이행한다.

　　고주망태 한 주정뱅이 돌깨방정 참깨방정 떨다 말고

　　흰죽사발 눈 지릅뜨고 물퉁보리처럼 업혀 가다, 시르죽은 물렁팥죽 친구 부축받고 비트적거리는 또 다른 술꾼 보고 찍자를 부렸겠다, 가여운 주정뱅이 같으니, 자네도 두 잔만 더 마시면 나처럼 한껏 자유를 누릴텐데…,

　　한물 간 시러배짓을 냉큼 못 버리다니!
　　-「두 주정뱅이」 전문

한 주정뱅이가 또 다른 주정뱅이더러 하는 말이 가관이다. 지금은 다 사라져가는 우리말을 불러내어 유장한 재담으로 엮어가는 말맛이 사설의 진풍경을 보여준다. 업혀 가는 놈이 부축받고 가는 놈에게 '자유'가 어떻고, '한물 간 시러배짓'이 어떻다니… 똥 묻은 놈과 겨 묻은 놈의 얘기보다는 훨씬 다감하고 재미지다. 괜히 질 낮은 정치풍자 시보다 고주망태들의 허튼소리가 복잡한 시대에 시 읽는 맛을 선사한다.

알베르 까뮈는 "아무것도 주지 않는 사람은 아무것도 가진 것이 없다. 가장 큰 불행은 사랑받지 못하는 것이 아니라 사랑하지 못하는 것이다."라고 말했다. 사랑이란 대상을 시로 치환시켜도 무방하다. 감동을 주지 못하는 시인은 독자를 가질 수 없다. 가장 큰 불행은 독자에게 사랑받지 못하는 것이 아니라 독자를 사랑하지 않는 시인이다. 독자를 사랑하는 시인은 곧 진정성을 가진 시인을 말한다.

윤금초 시인이 지향해왔던 모국어의 운용과 풍성한 넌출거림은 이 시대에 왜 시조가 존재해야 하는가에 대한 진지한 물음인 동시에 대답이다.

한국 현대시는 너무 콘크리트 벽을 친, 개인적 파편화에 함몰해 있다. 그렇다 보니 결국 시들은 공감보다는 단절된 공간에 존재하는 자신의 독백에 그치고 있다. 물론 이런 현상 역시 우리 세대가 필연적으로 겪을 수밖에 없는 현상이기에 '혼자'가 곧 '다수'일 수도 있다. 그러나 이는 어디까지나 주관적 상황이 객관적 보편성을 얻었을 때만 가능하다.

지나치게 복제된 듯한 시들이 소수를 압도하는 시적 경향은 어떻게 극복될 것인가. 이런 의문은 윤금초 시인의 시를 읽고 나면 금방 해결된다. 우리의 아버지, 그 아버지의 아버지 세대에까지 닿는 낯설고 낯익은 정서, 구수하고 현란한 농울 치는 말 부림, 잃어버린 민족의 신화성 등을 노래한 시집은 언제 읽어도 반갑다.

목 모르몬 뉘 집 거이든 단감 하나 따묵고 가 잉!

담장 그 너머가 보이면서도 개릴 것 다 개려주는 오묘한 눈높이로 쌓은 흙담, 너머 노프믄 이웃끼리 속 모르고 살고, 너머 야차우문 아녀자들 활동허는 거 다 보이니께 뭣이다 쪼깐 거북허제. 지내감서 지신가 안 지신가 짐작할만 허고, 안팎으로 내다봄서 이야기할 만허고, 그 뭣이다…, 담 너머로 떡 접시 반찬 접시 오갈 만허고 그라제.

그랑께. 요로코롬 넉넉한 것이 인본주의 아니겄어?
- 「인본주의 눈높이」 전문

인본주의라는 철학적 명제보다는 이 한 수의 시조가 훨씬 설득력을 얻는다. 소위 어른 한 분이 소년에게 담장 높이로 사람 사는 이웃의 이야기를 한다. 가장 알맞은 담장 높이는 "그 너머가 보이면서도 개릴 것 다 개려주는 오묘한 눈높이로 쌓은" 담이 그렇다는 이야기다. 너무 높이 쌓으면 정 없어 보이고, 너무 낮으면 아녀자들 사생활이 보호되지 못하니 "지내감서 지신가 안 지신가 짐작할만허고, 안팎으로 내다봄서 이야기할 만"해야 된다고 조곤조곤 들려준다. 담장을 통해 펼치는 중용지덕中庸之德, 그런 사람살이가 인본주의가 아니고 무엇이겠는가.

시조단 일부에는 "굳이 왜 사설시조인가? 3장 6구의 정형이 진정한 정형인데, 그럴 바엔 차라리 자유시를 쓰지."라며 비판을 가하는 이들이 있다. 실제 그런 말이 한국 문단 전체에 보편화 되어 있기도 하다. 그러나 이는 전혀 성립되지 않는 말이다. 우리 문학사엔 자유시 훨씬 이전에 사설시조가 존재했었고, 많은 백성들이 이 노래를 불렀던 것이다. 다시 말하면 당시 새롭게 유행한 첨단의 노래였다. 요즘 랩이 대세이듯 당시 사설시조 또한 인기 있는, 자유로운 노래였던 것임을 간과해선 안 된다. 그러므로 지금 사설시조 창작은 예전의 우리시를 계승하는 것이다. "그럴 바엔 자유시를 쓰지 왜 사설시조를 쓰는가."하는 비판은 자유시를 우선 시 여기는 것에 불과하다.

　사설시조의 명맥이 면면히 이어져야 하겠지만 시조단에서 사설시조 창작인은 줄어들고 있다. 사설시조 계승을 위한 모임도 있긴 하나 산문시를 흉내 낸 작품도 많다. 물이랑이 끝없이 밀려오듯 앞말이 뒷말을 주워 섬기고 넝쿨이 넝쿨을 넘는 넌출거림을 구사하는 시조인이 늘어난다면 사설시조의 맥은 이어지리라 여겨진다. 그런 의미에서 이 시집의 의미는 크다고 하겠다.

박시교 시선집 『세상에서 가장 아름다운 이름』 서평
– 바람집, 부재하는 존재들과의 교감

1. 생의 빈터에서 부르는 칼노래

친구여, 오늘 우리가 무엇을 노래하겠나
답답한 가슴으로 켜는 술잔의 무중력
그렇네, 산다는 것은 이름을 지우는 일.
애써 지워도 돋아나는 건 이미 별이라네
자네와 더불어 사는 어두운 땅 별이라네
꽃이면 어찌 이보다 더 아름답다 할 것인가
그러나 어깨에는 부릴 수 없는 무거운 한 짐
쉽게 부려서도 아니 될 우리들 형벌의 등짐
친구여, 오늘 우리가 무엇을 노래하겠나.
-「바람집 4」 전문

박시교 시인의 시에선 바람 냄새가 난다. 산과 숲, 물의 뿌리에까지 바람은 스민다. 바람의 뼈를 본 사람은 없지만 분명 그것에도 지조와 결이 있다. 부러지지 않으면서 올곧음이 있고 속으로 예각을 지녔지만 남에게 상처내지 않는다. 먼저 상처받고 갈등하면서 시는 더욱 웅숭깊어진다.

60편 가까운 시선집 원고들을 읽다가 이 시편들을 관통하는 핵심 시어가 무엇인지를 곰곰 생각했다. 그 결과 '바람집'이란 시어에 주목했다. 바람은 거처가 없다. 일고 자고 떠나는 현상들은 도처에서 일어나고 사라지기도 한다. 그러므로 바람에게 집은 존재하지 않는다. '바람집'은 모든 부재하는 것들이 충돌하고 융화하는 심상의 공간이다. 이 부재하는 존재들이 교감하는 것들은 시인의 삶과 긴밀한 연관성을 가진다. 마음이 육체에서 비롯되지만 제 육체에만 깃들지는 않는다. 그러므로 '바람집'은 결국 떠도는 이미지들을 가두어 발아시키는 '마음집'에 다름 아니다. 불현듯 일어서는 심상들을 묶은 한 권의 시집은 그 자체로 한 채의 '바람집'인 셈이다.

위 시에서 시인은 '산다는 것은 이름을 지우는 일'이라 말한다. 하지만 지우는 일 또한 쉽지 않다. 욕망의 찌꺼기들을 버리고나면 텅 비어지겠지만, 쉽사리 버릴 수 없는 것들은 등짐처럼 무겁기만 하다. 가슴에 묻히어 지워지지 않는 이름들은 별이 된다. 불러내지 않아도 오고 떠나보내지 않아도 떠나가는 것이 어디 바람뿐이랴. 한 소절 노래도 불러주지 못했지만 오늘은 바람 들고 나는 누옥에 벗들을 초대한다. 이곳에서 만큼은 시인이 주인이다.

　　내 곁을 아주 떠난 친구여 자넬 위해
　　미처 한 소절 노래도 나는 장만치 못했구나

가슴을 그렁그렁케 하는 단지 그런 섭섭함뿐

청진동 막소주집 자네 몫의 빈 잔에
철철 넘치게 채워지는 한 잔 그리움의 바람

아 바람, 미처 못다 부른 〈청보리의 노래〉여
- 「바람집 2. -故 임홍재 시인에게」 전문

곧 보게 될 것이다
인사동이나 동숭동에서

이마에 깊은 강, 퍼런 시름의 강, 떨리는 손이 잡은 칼끝으로 어둠의 강 새겨넣고, 한무리 바지저고리들 신나게 춤추며 어울렸구나. 하나는 북채를 잡고 또 하나는 꽹과리, 너는 날라리를 불어라, 너는 어지럽도록 상모를 돌려라, 그깟 시름의 강이야 깊으라지, 가슴의 원怨이야 더더욱 깊으라지

너 없는 수유리 숲에 음각陰刻으로 내리는 비
- 「바람집 5. 故 오윤 판화집 『칼노래』와 관련하여」 전문

시인은 자신이 지은 집에 홀로 앉아 고인이 된 임홍재 시인이며 판화가 오윤도 불러낸다. 그들에게 한 소절 만가도 불러주지 못했지만 그리움의 한잔 술을 건넨다. 살아서 함께 가난했지만 그들이 그려낸 사람들은 얼마나 순수했던가. 짧지만 질곡의 시대를 온몸으로 살다간 이들은 끝내 지워

지지 않는 별이다. 그들을 가슴에서 지우는 일은 더 큰 형벌이다. 아니, 지우고 싶지 않은 다짐으로 철철 넘치는 술잔을 건넨다. 임홍재 시인에게는 따뜻이 술 한잔을 채워주고, 판화가 오윤에게는 신명난 풍물 한판으로 부활을 노래한다. 「바람집 5」의 중장 사설은 시인이 펼친 바람굿의 절정이다. 천천히 상모를 돌리다가 차츰 꽹가리의 급박함을 따라 날라리 가락은 이어진다. 시름의 강이 깊든 말든 가슴의 원이 깊어지건 어쨌건 오늘은 맘껏 '칼노래'를 부르고 싶은 것이다. 하긴 그의 집에 초대하고 싶은 이들이 어디 이들 뿐이겠는가. 그리운 이들과 마주앉기 위해서는 술잔이 제격인 듯 「바람집」 연작 7수 중 직접적으로 술과 관련된 시편들이 3수나 된다. 물론 다른 시들도 간접적 연관을 가진다. 위 시에서처럼 칼노래 한 마당에선들 어찌 술 한잔이 없을까.

박시교 시인의 '바람집' 풍경은 신산하다. 집은 늘 비어 있다. 그 비어 있음은 무위자연을 즐기는 은자隱者의 그것이 아니라 척박한 삶의 빈터를 걸어가는 쓸쓸한 뒷모습에 가깝다. 허물어진 터엔 청산도 뻐꾸기도 그 흔한 풀꽃도 비켜 울고(바람집 3), 망연히 그냥 선 채로 헛말만 헛뿌릴 뿐(바람집 1), 노래를 잊고 현絃가닥도 다 끊은(바람집 6) 채로 서있다. 하지만 이 연작을 마무리 지으며 쓴 작품 〈바람집-別章〉에선 "…사랑마저도 주체 못할 힘겨운 짐이었던 어리석고 여린 아, 나의 비망備忘// 어쩌랴, 사랑할밖에 보듬어 안을밖에"라고 노래한다. 등에 진 힘겨운 짐들은 그가 기꺼이 선택한 것들이다. 형벌이든 누더기이든 부려놓지 않고 떠안고 가려한다. 허물어진 담장일 망정 소중한 나날의 집적, 그것이 바로 부재하는 것들과의 교감 '바람집'인 것이다.

이 글에서는 '바람집'을 구성하는 시인의 우여곡절들을 세월을 거슬러 찾아가 보려한다.

2. 겨울강에서 울다

    좀은 서럽고 억울턴 눈물 한 짜투리
    이른 봄 보리 밟듯 꼭꼭 밟아둔 채
    오늘은 종로 인경을 몸째로 부딪쳐라

    아아, 얼마만인가 인경이여 네가 울면
    이미 깊이 잠든 자 새벽눈을 다시 뜨고
    그리도 오래 역류턴 피가 이제 다시 흘러라

    진실은 숨어서도 전혀 부끄럽지 않고
    속살을 달아오르는 숯불 같은 이 뜨거움
    동해여, 네 일출 앞에서 차라리 눈을 감으리
    -「무미無味 5」전문

  이 시는 시집의 한 축인 시인이 바라본 현실에 대한 관심을 압축하여 보여준다. 세상은 답답하다. 보리는 밟을수록 일어선다. 그 보리의 강인함을 동해 일출을 보면서 배운다. 종로 인경을 부딪쳐 깨우고 마침내 역류하던 역사를 곧게 펴야한다. 그 진실에 다가가기 위해 시인은 속살을 뜨겁게 달군다. 그동안 우리는 이 시인의 목소리에 대해 귀를 기울여 왔다.

물론 이 시가 매우 새롭거나 기념비적인 것은 아니다. 그러나 박시교 시인의 이런 외침은 적어도 한국시조단에서는 하나의 이정표가 될 수 있었다.

700년의 역사를 가진 시조가 현대에 와서 왜 그 많은 독자를 잃어버렸는가. 조운, 이은상, 김상옥, 이호우, 이영도, 정완영을 거치면서 시조는 민족시가의 맥을 이으면서 당당히 맨 윗줄에 자리하고 있었다. 물론 서구적 관점에서 시를 바라보려 했던 시각 등 여러 요인이 있었겠지만 시조단 내부로 거울을 들이대면 스스로 반성해야 할 점이 더 많아 보인다. 바로 시조의 요체인 리얼리티의 획득에 실패한 탓이다. 시절가조라는 원 뜻을 곱씹어볼 때 시조가 시대의 얘기를 담아내지 못하면 이미 제 기능을 상실한 것이나 마찬가지다. 70년대와 80년대를 거슬러 오면서 일부의 시조인들을 제외하곤 현실문제에 대한 접근은 별반 없었다. 참여적 목소리를 높이는 것이 좋은 시의 창작 태도라는 말은 아니다. 하지만 시란 제어하는 세상의 모든 것으로부터의 해방을 노래하는 것이 아닌가. 감옥 속에 가둬둔 언어들을 자유롭게 세상에 날려 보내지 못하고 현실의 벽에 안주한 시조인들의 안일함이 불러온 결과였다.

> 오늘 이 아픔들을 말로 다 못할 것이라면
> 무심히 그냥 그렇게 겨울강을 가 보아라
> 은밀히 숨죽여 우는 겨울강을 가 보아라
>
> 짙푸르던 강줄기는 얼붙어 멈추었고
> 산도 굴릴 것 같던 그 몸부림도 멎었어라
> 누군가 이 뜻 알겠노라면 죽어서 묵도默禱하라

귀 기울이면 선한 소리, 내심內心의 너 겨울강아
근심의 잔뿌리랑 잔기침의 매듭까지
이대로 잠보다 긴 꿈, 꿈에 갇힌 겨울강아

이제 우리네는 밤중에도 눈을 뜨고
가슴 속은 임의로 문신한 햇덩이가 탄다지만
가진 것 다 뿌려 준 후에 가득차는 이 절망아

한숨의 이 씨날에 날줄은 무얼 넣나
없는 것은 다 좋고 하나쯤 있었으면 싶은
뜨거움 숨의 뜨거움을 빙판 눕힌 겨울강아

보겠는가, 눈뜨고 눈감고 보겠는가
무심히 그냥 그렇게 겨울강을 보겠는가
상류로, 상류로부터 걱정만 쌓은 겨울강아
- 「겨울강」 전문

인용시 「겨울강」은 바로 그 사실에 대한 아픈 질문인 동시에 대답이다. 박시교 시인의 시의 원천은 70년대다. 한국 현대시사에서 70년대적 정서는 소중하다. 80년대의 문학운동이 질풍노도의 성격을 띠었다면 70년대는 지사적이되 소박한 낭만이 어우러진 시대라고 말할 수 있다. 이런 시대를 지나오면서 체득한 시인 특유의 하류 지향 정서는 공감의 폭을 넓히기에 충분하다. 동시대를 살아왔다고 해서 누구나 이런 정서를 갖지는 않는다. 키를 낮춰 함께 아파하고 아우를 줄 아는 심성을 타고나야 한다. 이 시인이 가진 70년대적 현장성과 관심은 특히 현대시조에선 매우 소중한 것이다. 비슷한 시기에 문단활동을 시작한 다른 시인들에 비해 그는 한 발 더 현실 깊숙이 다가서 있었고, 그 체험은 현대시조의 한 축을 살찌우는 튼튼한 밑거름이 되었다.

오늘 이 얘기들은
죄다 산으로 가라
가서 훗날에나 필
철쭉꽃빛 그 핏빛

멀찍이 봄도 비켜서 갔다는
내 가슴 속 凍土여

이른 아침 갓 채굴한
무력한 나의 어휘
生水로 씻어내도
공복 같은 아림에야

하늘도 나즉이 내려앉아
千斤 무게인 오늘
-「무미無味 12」 전문

겨울강이 절망의 얼음을 뚫고 봄을 기약하듯이 이 시에서도 생명의 끈을 놓지 않으려 한다. 박시교 시의 장점은 현실을 말하되 짙은 서정성을 놓치지 않는다는 점이다. 그의 이런 어휘들은 쉽게 결론에 닿기도, 장벽 속에 갇혀 있기도 거부한다. 그리고는 죄다 산으로 들로 풀어놓아버린다. 동토에서 비켜 간 봄이며 피지 못한 철쭉들은 산으로 가서 훗날 다시 생명으로 소생할 것이다. '철쭉꽃빛 그 핏빛'이며 '내 가슴 속 凍土'는 두고 온 아픈 역사적 사실을 애둘러 말해준다. 이런 발상은 그가 즐겨 차용해오는 자연의 것들과 조화를 이뤄 박시교식 시법을 만든다. 분명한 것은 자연에 기대되 결코 섣부른 자연예찬을 늘어놓지 않고, 역사의 근원을 말하되 생경함으로 노래하지 않는다.

>일부러 돌아오는 길섶의 수풀 한 잎
>눈물인 듯 눈물인 듯 맺힌 이슬과 만난 잠시
>갈증은 놀처럼 타고 멀리 누운 산등성
>
>한때의 이 실명失明은 연밥처럼 익을 테지만
>그 무엇도 채우지 못한 저문 하루의 끝으로
>그림자 장승처럼 끌고 아주 천천히 돌아온다
>
>친구여, 만남 후에 오는 이 허망을 어쩔거나
>산이 쩡쩡 울고 난 뒤 고느적한 절터만 남듯
>그 터에 이승만한 번뇌로 정釘을 들어 쪼는가
>-「무미無味 3. - 권달웅 시인에게」 전문

나름대로 치열하게 살아왔지만 시인은 가끔씩 산에 기대어 물어본다. 나의 행위에 대해 나의 외침에 대해 함께 먼길을 걸어온 벗에게 물어본다. 우리 장차 맞닥뜨릴 인연의 빈터, 그 허무를 어쩔 것이냐고. 시인 권달웅은 무미無味의 맛을 지닌 벗이다. 달고 짠맛보다는 여름날 길섶에 솟는 찬 샘물 맛을 지닌 친구로 읽힌다. '한 때의 실명失明이 연밥처럼 익'거나, '산이 쩡쩡 울고 난 뒤 고즈넉한 절터만 남'은 시간의 여백을 걷다보면 그 때 비로소 절창임을 느끼게 된다. 너무 아름다우면 차라리 눈을 감고 싶다. 길섶 수풀 한 잎이 되어 지름길 제쳐두고 일부러 먼 길을 돌아온다. 잎 잎마다 이슬이 맺히고 갈증은 놀처럼 먼 산등성을 타고 온다. 하루가 접혔다 펴질 때마다 늪 속의 연밥은 한 뼘 한 뼘 여물 것이다.

그렇게 겨울강은 속으로 운다. 시인이 걷어내고자 했던 얼음장은 아직도 여전하다. 어쩌면 극복되어지지 않을 그 무엇인지도 모른다. 한 땐 그 대상이 시인을 둘러싼 시대와 사회였지만 이젠 자신임을 깨닫는다. 무미無味는 시인의 새로운 지향이다. 강물은 어떤 맛도 없지만 들을 적시고 생명을 길러온 위대한 맛을 지녔다. 이 시편들은 무미無味의 모성에 기대고 싶은 시인의 마음이 아니었을까.

3. 균형과 균제의 문제

그대 잘도 오는구나, 가슴 속 허허벌판으로

와서 무더기로 피어나야 할 저 풀빛 낭자한 자유와, 또한

취하여 제멋에 어깨춤 절로 나게 하는 자욱한 저 민주와,
이미 분노한 가슴 이제야 활짝 열어젖힐 아아, 자지러질
통일

그렇다, 너 올 것이라면 그들과 함께 오라.
- 「가슴으로 오는 새벽」 전문

  그는 자연과 인간과의 조화 못지않게 형식과 서정과의 조화에도 부단히 노력한 시인으로 기억된다. 이 시는 현실을 노래하지만 구호에 함몰되지 않는다. 왜일까? 바로 사설의 가락과 장단이 있기 때문이다. 박시교 시인의 사설시조는 왜 사설인가 하는 물음에 대한 모범답안이다. 자칫 사설시조는 산문시처럼 읽힐 위험이 있다. 그래서 시조의 정체성을 지켜내고자 하는 시조인들은 사설을 경원시하기도 한다. 하지만 이 시는 전혀 정체성을 상실하지 않고 신명을 돋운다. 자유는 산과 들 어디에서든 무더기로 피어나야 하고, 민주는 더덩실 춤판의 먼지처럼 피어나야 하고, 통일은 가슴 빠개고 자지러지듯 와야 한다. 그렇게 어울리는 사람과 사람끼리의 어깨춤은 사설 고유의 맛이다. 제대로 된 형식만이 내용을 담보한다.

사람 사는 일이
연극 같다고 너는 말했다.

사시사철 여기 수유리 산번지에 내리는 저 자욱한 안개비와
밤을 도와 우는 뻐꾸기의 피끓는 울음. 그렇지, 아무래도 그

것들은 우리 사랑과 무관하지만은 않을 터. 이제 너만이라도
다시 관객으로 돌아가야 한다.

오늘 이 무대에 펼쳐질
나의 모노드라마
- 「모노드라마」 전문

앞의 시가 넌출거리는 가락에 기대고 있다면 이 시는 차분히 감정을 다독여 놓고 있다. 좀 더 시인의 존재와 소명에 다가간다. 그래서 스스로 객체가 되려한다. 너는 나의 역설이다. 내 삶을 보아줄 관객은 다름 아닌 나 자신이다. 삶은 때로 연극처럼 꾸며진, 누군가 써 놓은 극본대로 살아가는 것이 아닌가하는 착각에 사로잡힐 때가 있다. 연극보다 더 교묘하게 짜여진 일상 속에서 삐에로가 되기도 하고 주인공이 되기도 한다. 누구나 혼자라고 하지만 홀로 존재하는 것은 없다. 안개비와 뻐꾸기 울음도 우리네 생과 무관치는 않으리라. 모노드라마의 무대 위에 세워졌지만 그 역시 조명과 객석에서 자유로울 수 없다. 자신의 노래에 대한 냉정한 평가는 장인을 위한 다짐이다.

가서 오지 않는 것
세월뿐이 아닙디다

때로 자지러지고 녹아들고 솟구치고 하던 그런 삶의 숱한
거품들이 어찌 흘러가는 저 물과 같다 하겠습디까. 어제

흘러간 물은 이미 오늘의 강물이 아니듯 우리의 마음도 그
렇게 마냥 흘러가게 마련입니다

네 안의 강 같은 평화
내게도 넘칩니다
- 「너의 강 1」 전문

  버리고 얻은 평화는 박시교의 시집 도처에 있다. 평화마저도 넘친다는 표현에 주목해 보면 이 시에서 버림은 자의적 비움이 아니라 버려져 가는 것들에 대한 순응과 체념 같은 것들로 읽힌다. 갖고 싶고 이루고 싶은 욕망들은 의지만으로는 안 된다. 그래서 차라리 흐르는 물에 자신을 그냥 띄워놓는 것이다. 여기서는 존재의 가벼움을 인식하는 단계 즉, 적극적 버림이 아니라 수동적 버림의 자세를 견지하는 것이다.

웃음을 말리고 섰는 이날 나의 바지랑대
그대 고이고 선 쭉정 빈 하늘을
묵정밭 억새잎처럼 우우대는 쉰 목청
- 「목木다리」 전문

누가 이승을 앓다 떨구고 간 병病인가
천지간에 온통 풀꽃 낭자하게 흐트러지고
하늘엔 해쓱한 낮달 버려지듯 걸려 있다
- 「낮달 2」 전문

그럴수록 시선은 더욱 자신을 향한다. 자신을 객관화 시켜 보면 언어는 절제된다. 관심 또한 주변의 것보다는 자신의 삶에 치중된다. 사설로 시대를 건너뛰다가 문득 단수에서 머물기도 한다. 언어와 언어의 간격이 촘촘하여 틈이 없는 시도 좋지만 넉넉한 행간을 가진 시도 좋다. 바지랑대는 불안해 보이지만 절묘한 균형을 가진다. 그가 널어 말리는 것은 쭉정이의 하늘이거나 벼려진 해쓱한 낮달이다. 일별해보면 그에게 풍요로운 것은 '묵정밭 억새', '이승을 앓다 떨구고 간 병病', '강물과의 현란한 작별'(어떤 이별), '천만 자 눈물의 샘'(낮달 1) 등등 비애의 찌꺼기들뿐이다. 비록 그의 시들이 넌출거리는 사설의 장단과 가락을 가졌지만 노래들은 한결같이 비애의 정조를 배면에 깔고 있다. 「첫눈」마저도 '백지로 쏟아지는 먼 기억의 파편'이지 결코 순결과 환희의 대상은 아니다.

시인은 늘 상심의 덫에 갇혀 있고, 독자들은 감염된 듯 비애의 옷을 걸치고 있었다. 이는 그가 강요한 것은 아니다. 하지만 그의 집에 초대된 독자들은 '바람집' 속에 흐르는 기류에 자연스럽게 반응한다. 평시조와 사설시조, 치열한 현실인식과 서정성 등 균제와 균형을 갖기를 원했던 몸짓에 비해 감정의 빛깔은 한 쪽으로 치우친 감이 있다. 그 민감한 감염은 전적으로 독자들의 몫이지만 그 점은 분명 아쉬워 보인다.

4. 여백을 위하여

세상일 가만히 들여다 볼라치면
어디 눈물 아닌 것 하나 있을까만

어쩌다 목련꽃 벙그는 화사함도 보게 마련
울명울명 솟구치던 가슴속 그리움도
목울대 꺼이꺼이 복받치던 울음까지
이제는 하나로 잦아들어 노래가 되던 것을
그 노래에 애증 없어 강물처럼 흐르던 것을
구비마다 숨죽이던 아픔은 들풀로 돋고
이윽고 그 잎에 맺힌 사랑도 보게 되리
- 「사랑을 위하여」 전문

앞에서 본 박시교 시인의 빛깔은 비애였다. 그런데 이 시집 5부를 구성하는 11수의 시조들에서도 직접적으로 눈물을 거론한 시조가 4수나 된다. 그렇다면 그에게 비애는 극복될 수 없는 그 무엇인가? 아니다. 눈물이 시인의 궁극이 아니었음을, 기항지를 찾아가기 위한 통과제의였음을 위 시를 통해 알 수 있다.

그가 마침내 다다르고자 한 곳은 바로 '사랑'이다. 세상일이야 '어디 눈물 아닌 것 하나 있을까만/ 어쩌다 목련꽃 벙그는 화사함도 보게 마련' 아닌가. 목련꽃의 화사함은 눈물의 시련을 견딘 후에 온다. 이 평범한 진리에 닿기 위해 시인은 애써 먼길을 돌아온 것이다. 울명울명 솟구치는 그리움도, 목울대 꺼이꺼이 복받치던 울음도 이제는 노래로 잦아든다. 그리하여 마침내 잎에 맺힌 사랑도 보게 되지 않는가.

순정한 꽃 한 송이 피워야 할 봄날이다
부치지 못한 편지 묵혀도 좋을 봄날이다

이대로 늙으면 또 어떠냐,
낙화유수落花流水 봄이다
- 「봄날은 간다」 전문

공초空超 묘 옆에서 아내와 쑥을 캔다
햇살이 미풍에 흔들리는 사월 한낮
산벚꽃 하르르 하르르 지는 소리 들으며
저렇듯 옆에서는 한 세월이 무너지는데
둘만의 향기로운 저녁 식탁을 위해서
우리는 아무 말 없이 봄을 캐 담는다
- 「쑥을 캐며」 전문

 이렇듯 사랑은 담담하다. 부치지 못한 편지를 묵히면 어떠하며 이대로 늙어간들 또 어떠랴. 꽃이 다 피지 못해도 열매 다 맺지 못해도 세월은 낙화유수처럼 흘러간다. 그러다가 어느 봄날, 한 시인의 무덤 옆에서 한잔 술, 곡 한마디 대신에 햇쑥을 캔다. 산벚꽃이야 하르르 지고, 세월 무너지거나 말건 아내와 다정히 쑥을 캐면 그만. 이럴 땐 살만큼 살아본 아내도 말이 없다. 먼저 간 시인 역시 이 광경을 미소로 지켜본다. 이곳엔 산 자도 죽은 자도 없다. 봉분 곁에 난 쑥이나 산비둘기 울음은 그저 나고 지는 자연의 현상에 불과하다. 이제 사랑은 뜨겁지도 아프지도 않다.

내가 봄산에 가서 꽃이 되고 숲 되자는 것은
수없이 무너졌던 너에 대한 그리움이

아직도 마음의 나무처럼 자라고 있기 때문
이만치 떨어져서 바라보기만 하자고
한때는 짐짓 거리를 두기도 하였지만
간절한 바람 그마저 허물 수는 없었기 때문
이제 이러면 되겠느냐, 내가 다시 꽃으로
잎으로 싱그러운 푸름으로 펼쳐 서면은,
그래서 내 몸이 봄산과 하나 되면 되겠느냐
– 「봄산에 가서」 전문

그렇게 합일合一의 순간이 온다. 숱하게 무너진 곳이 비애의 바닥이었다. 어떤 날은 적정한 거리를 유지한 적도 있었지만 극복은 쉽지 않았다. 꽃이 지면 스스로 꽃이 되고, 낙엽지면 스스로 푸른 수목이 되고자 한다. 그 꽃잎 절반만 피고 조선 소나무 좀 삐뚤어진들 어떠랴. '모자라면 모자라는 대로 넘치면 넘치는 대로'(바보 산수) 그림을 그리지 못할 이유는 없다. 그것이 운보雲甫만의 것은 아니기 때문이다. 시인은 아직 그 그림에 낙관을 찍지 않았다. 그러므로 박시교의 '바보 산수'는 운보雲甫의 것도 시인의 것도 아니다. 봄과의 일치를 꿈꾸지만 그는 섣불리 합일에 이르지 않는다. 그래서 낙관을 찍을 자리를 비워 둔 것이다.

5. '바람집'을 걸어 나오며

그리운 이름 하나 가슴에 묻고 산다

지워도 돋는 풀꽃 아련한 향기 같은

그 이름

눈물을 훔치면서 되뇌인다
어 머 니
-「지상에서 가장 아름다운 이름」전문

  그의 가슴 속에는 끝내 지우지 못할 이름 하나만 남겨 두었다. 이 시집은 지상에서 가장 아름다운 이름인 어머니에게 바치는 헌사다. 그 이름 하나를 간직하기 위해 많은 것들을 비워냈는지도 모른다.
  앞에서 바라본 박시교 시인의 '바람집' 풍경은 신산했다. 비어있었지만 무위자연에 가까기 보다는 무엇엔가 몰입되어 있었고 못내 쓸쓸했다. 그러나 이 시집 한 권을 다 읽고 난 후의 느낌은 전혀 다르다. 어떤 주의나 주장에 매이지 않고, 새털처럼 가벼워진 시인을 본다.
  등 굽은 산녘에 기대인 이빨 빠진 옹기처럼 편안하다. 허나 그 속엔 어머니의 이름처럼 햇살에 잘 발효되어가는 된장이 들어있다.
  섣불리 그에게 거장이란 말을 붙이고 싶지 않다. 아직은 '더불어 사는 일이 힘'겹고(사랑의 짐) 아내와 듣는 '목포의 눈물이 너무 애절'(아내의 십팔번)하기 때문이다. 또한 남은 생에 대한 노래를 마저 불러야 한다. 그가 평생을 바쳐 지은 '바람집'은 박시교의 냄새로 가득하다. 나는 그의 체취를 따라 이곳까지 걸어왔고, 온갖 부재하는 것들과 교감하였다. 그래서 약간은 슬프게 또 약간은 허허롭게 나를 돌아보기도 한다. 이제 그 '바람집'에서 걸어 나와야 한다. 나는 슬며시 그 집의 문패를 떼어놓는다. 그리고 어지럽힌 내 발자국들을 짚풀로 쓸어놓고 나왔다.

이우걸 시집
『나를 운반해온 시간의 발자국이여』 서평
— 부록, 단역을 넘어 주연으로

1. 민첩한 복서의 긴장감처럼

와지마 고이찌를 아는 이는 별로 없다
그를 쓰러뜨렸던 유재두도 마찬가지다
시간은 지난 영웅을 빠르게 지워버린다

그러나 도처에 사각의 링이 있다
부지런히 팔을 내밀어 자신을 지키거나
의외의 펀치를 맞고 쓰러지는 경우뿐인,

오늘 또, 준비 없이 링 위에 올라야한다
나를 옥죄어 오는 피치 못할 옵션 때문에

생애의 스파링이란
가파르기 검과 같다.
- 「링」 전문

　권투선수에게 링은 숙명이다. 정해진 시간 안에는 내려올 수 없다. 상대를 쓰러뜨리기 위해, 그 시간을 버티기 위해 체중을 줄이고 계단을 뛴다. 복서는 늘 준비한다. 왜? 쓰러뜨리지 않으면 내가 쓰러지기 때문이다. 시인에게 누가 묻는다. 당신의 상대는 누구이며 왜 신끈을 조이는가. 우리들 생의 내일은 연습이 없다. 아니, 어떤 이는 마냥 즐거울 수도 있다. 하지만 시인에겐 늘 대적해야 할 무엇이 있다. 백지와 싸우고, 문자와 싸운다. 상대는 의외로 강적이다. 시간이 흐를수록 두렵다. 시 앞에선 숙련공이란 없다. 새로움에 매이면 여백이 사라지기 쉽고, 관조를 강조하면 의미에 갇혀버린다.

　그렇다면 이우걸 시인은 삶을 어떻게 바라볼까. 사람들은 직업인으로서 시인으로서 부러울 정도의 성취를 얻었다고 생각한다. 하지만 정작 그가 바라보는 세상은 '초점잡기 어려운 세상'(안경)이고, 걸어온 삶이 '가파른 생의 기록'(흉터)이라고 인식한다. 어떤 날은 '브레이크처럼 세상을 두려워한다'(드라이브)고 고백한다. 독자들은 고개를 끄덕이지 않을 수도 있다. 그러나 시 앞에 벌거벗고 서서 고해성사하는 시인의 입장이라면 충분히 공감되지 않을까. 청년 시절부터 시인의 길을 걸어왔지만, 자신은 처음 목적한 곳엔 아직 다다르지 못했다고 느낄 수도 있다.

　마침내 병든 노을이 잇몸까지 스며들었다

탐욕이 씹어 삼켰던 육질들의 보복이리라
강자라 믿었던 존재의
쓸쓸한 부식이여
세계는 언제나 미세한 혁명뿐이다
굉음처럼 펄럭이는 군중의 깃발 뒤에도
차디찬 모반을 심는
안 보이는 손이 있듯이,
-「치과에서」전문

  완전한 것은 어디에도 없다. 이겼다고 생각하는 순간, 모반의 손에 의해 제거된다. 보이지 않는 적들은 언제나 강자를 향해 있다. 그 공격성은 날카롭지만 소리를 내지 않는다. 미세한 촉수가 아니면 눈치 채지 못한다. 자신도 모르는 사이에 어느 날 누군가에 의해 밀려난 존재를 쓸쓸히 바라볼 뿐이다.
  이들 시들을 보면 시인은 늘 팽팽한 긴장을 유지 하려 한다. 직장에서의 은퇴가 있을 뿐, 시작詩作에서의 은퇴는 용납지 않는다. 그러므로 시인은 아직 젊다. 언젠가 시인이 선집을 낸 적이 있다. 난 아직은 선집을 낼 때가 아니라고 말린 적이 있다. 선집을 내면 왕성한 현역의 냄새가 사라질 것 같았기 때문이다. 아무리 생각해도 이우걸 시인은 사각의 링 위에서 눈을 부라리고 상대의 일거수일투족을 꿰뚫어보는 민첩한 복서의 긴장감을 더 즐기는 것이 어울린다.

2. 김씨의 창을 깨고 나의 창을 열다.

『나를 운반해온 시간의 발자국이여』는 이우걸 시인의 10번째 시집이다. 굳이 숫자에 매일 이유는 없지만 습관적으로 숫자의 의미를 생각하게 된다. 기왕 10이란 숫자에 눈길이 간다면 받아들이는 것도 나쁘진 않을 듯하다. 이번 시집은 거의 40년 가까운 세월을 지속해 온 직장을 마감하면서 펴낸 것이기에 결코 우연의 산물은 아닐 것이다.

그래서일까. 내겐 좀 다르게 읽힌다. 내가 느낀 이우걸 시인의 예전 시들은 자신과 대상과의 일치를 원하기보다 철저히 객관적 거리에서 대상을 바라보려 했다. 「팽이」나 「비」 등의 초기시들은 '시란 이미지다'라는 등식에 충실한 작품들이다. 그렇게 오래된 작품은 아니지만 예전의 기조가 충실히 반영된 시인 「비누」와 이번 시집에 실린 「서우승에게」 두 편을 예로 들어 본다.

　　이 비누를 마지막 쓰고 김씨는 오늘 죽었다.
　　헐벗은 노동의 하늘을 보살피던
　　영혼의 거울과 같은
　　조그마한 비누 하나.

　　도시는 원인 모를 후두염에 걸려 있고
　　김씨가 쫓기며 걷던 자산동 언덕길 위엔
　　쓰다 둔 그 비누만한
　　달이 하나 떠 있다.

－「비누」 전문

　　벚꽃 환한 이 봄날에 자네의 비보가 닿았네
　　하늘보고 더럽게 침 한번 뱉어보네
　　이제는 욕할 친구도
　　욕해 줄 친구도 없네.
　　－「서우승에게」 전문

　시인의 집 세면대에도 초승달처럼 살이 다 닳은 비누가 있을 것이다. 때론 퇴근하고 와서 분필가루 묻은 넥타이를 풀면서 후줄근해진 하루의 일과를 거울에 비춰볼 때도 있었으리라. 자산동 언덕길은 실은 시인이 살았던 동네다. 하지만 시인은 오늘 내가 본 저 야윈 달이 굳이 일용직 노동자인 '김씨의 달'이라고 말한다. '나'를 드러내지 않고 김씨를 통해 남루해진 영혼의 거울을 보고 있다. 후두엽 걸린 도시와 언덕바지 동네는 김씨가 아니더라도 팍팍함을 말해준다. 그런데도 시인은 김씨의 창을 통해 지붕 낮은 집들 위로 떠오른 달을 보여준다.
　이에 비해 아래 시는 자신을 향해 있다. 시어들도 평소보다 거칠다. 다른 시인이라면 "더럽게 침 한번 뱉어보네" 정도의 표현은 아무 것도 아닐 수도 있지만 이우걸 시인에게서는 그동안 볼 수 없었던 토로다. 생전에 티격태격했지만 두 분 사이의 저변에 깔린 우정은 남이 모르는 부분도 있다. 비슷한 나이, 비슷한 시기에 데뷔하여 시조를 쓴 동류의식은 욕하며 정드는 이심전심, 즉 짠한 그리움이다.
　모르긴 해도 예전이었다면 서우승 시인에 대한 이미지만을 견고하게 그려내었을 것이다. 하지만 이 시는 둘 사이의 관계를 욕이란 매개체를 통해 구체적으로 그려낸다. 물론 감정도 섞여 있다. 울분, 회한 같은 직정적 언어로 인해 시를 망치는 경우도 있지만, 이 시의 경우는 다소의 감정 표현이 그를 더욱 살갑게 느끼게 한다.

김씨의 창을 깨고 나의 창으로 세상을 보기까지 시인은 많은 세월을 기다려온 듯하다. 섣불리 자신을 드러내기보다 좀 더 객관적이기 위해 다독이고 다독인 것이다. 이 나를 향한 시들은 「호수」, 「월평을 읽으며」, 「시」, 「흉터」, 「링」 등등 여러 편이다. 하긴 시는 사기그릇처럼 조심스레 다뤄야 한다. 나를 너무 드러내면 군더더기 많은 잡설 같아서 시적 완성도가 떨어지고, 너무 감추면 대상 뒤에 꼭꼭 숨어서 말하는 듯 진솔함이 아쉬워진다. 이 둘을 잘 버무려 갈무리 하기란 쉽지 않다. 이번 시집에서 여민 옷깃을 열고 일정부분 가슴을 보여주는 것은 삶을 담담히 바라보는 여유를 얻었기 때문이 아닐까.

3. 담담히 작별을 말하다.

    시계가 눈을 비비며
    열두 시를 친다
    반쯤 남은 커피잔은 화분 곁에서 졸고 있고
    과장은 혀를 차면서 서류를 읽다 만다.

    문은 굳게 닫혀있고

의자들은 말이 없다
창밖엔 클락션 소리 목 쉰 확성기 소리
자세히 들여다보니
벽에도 금이 가 있다.
-「사무실」 전문

　이제 작별이다. 잘 가라, 나를 운반해온 시간이여, 발자국이여. 시간은 시인을 여기까지 데려왔고 이제 다시 다른 길로의 인도를 예비한다. 왜 하필 '내가 걸어온 시간'이 아닌, '나를 운반해 온 시간'인가를 생각해 본다. 운명을 짐 진 나의 치열함이 아니라 고단한 삶을 운반해 온 시간의 냄새를 통해 자신을 돌아보는 자세를 취한다. 그것은 세월 속에서 희노애락을 느낀 나를 강조하기보다 희노애락을 함께 한 세월을 껴안음으로써 구체성을 획득하기 위함이다. 자칫 언어유희로 비칠 위험을 감수하고 '시간 속에서의 자신'이 아닌 '시간과 함께 한 나'에 무게 중심을 옮겨 놓고 있다.
　인용한 시는 시집의 첫 페이지에 실려 있다. 화분 곁에서 조는 커피잔과 열두시, 혀를 차며 서류를 읽는 과장, 4교시 종이 울리기 전 적막을 깨는 교정 밖 채소 파는 차의 확성기소리 등은 점심시간을 앞둔 어느 사무실의 풍경이다. 행정실이 붙은 교장집무실 혹은 교육장실(시인은 밀양교육장으로 정년을 맞았다.)정도라고 이해하면 되겠다. 늘 그랬으므로 전혀 새롭지 않았지만 때론 두고 온 무엇을 살갑게 느끼듯 그곳에 앉은 자신의 그림자를 되새겨 볼 시간이 된 것이다.
　40년 교직생활을 함께 한 서류들과 책상을 정리하고 몇 자루의 펜과 사물함, 책들을 챙겨 자동차 트렁크에 싣고 나면 그곳과는 다른 세계가 펼쳐진다. 어제 내다 본 창밖이 다르고, 아침에 밀고 온 출입문이 전혀 다름을 실감한다.

꽃들이 핀 모습을 '보충질문처럼'(꽃)이라고 말하고, 어머니의 무덤을 다녀와서는 '어둠의 교과서 같은'(성묘)이라고 표현한다. 잘 챙겨보면 숨겨진 듯 드러나는, 교육자가 아니면 차용하기 힘든 시어들이 눈에 띤다.

그래, 이젠 좀 거리를 두고 조금은 한적하게 재충전의 시간을 가지는 것도 좋다. 늘 벼린 칼처럼, 과녁을 노려보는 시위에 얹힌 화살처럼 긴박해 있을 이유는 없다. 그래서일까 시인은 철거된 건물 한 귀퉁이에 썩어도 준치라며 자신을 드러내는 안락의자를 보며 "한때 피 튀기는 계략이 있었을 거야/ 스스로의 오만에 취해 한껏 부풀어 올랐을 거야"(자리)라며 혼잣말을 한다.

자리를 갖기란, 주어진 자리를 지키기란 얼마나 힘든 일인가. 안락의자는 버려졌지만 그 의자에 앉은 이는 어디서 무얼 할까. 그 피 튀기는 생의 전장에서 더 큰 의자를 향해 돌진하고 있을까. 아니면 조용히 내려와 흐르는 강물을 보고 있을까. 시인은 버려진 의자를 보면서 그 의자 위에 앉았던 주인의 몸부림을 생각한다. 어쩌면 자신이 가만 걸어 나온 그 집무실의 의자를 떠올려 보지나 않았는지.

그동안은 시인 앞에 당면하게 놓인 것들과 의식을 지배한 것들을 썼다. 하지만 이제 한동안은 그 다름에 대한 보고서를 쓰게 될 것이다. 삶이 다르면 시도 달라진다. 어쩌면 이런 시와는 작별인지도 모른다. 삶의 전장을 떠나 자연에서 배운 깨달음과 관조도 기대해 볼만하다. 어떤 이에게는 관조의 몸짓이 패배일 수도 있고, 또 다른 이에게는 새로운 도전일수도 있다. 벼랑과 싸워보지 않은 산인山人이 관조를 말하면 섣부른 오만이지만 오래 벼랑에서 싸워온 시인이 갖는 관조에 대한 관심은 분명 변화로 읽힐 것이기 때문이다.

4. 그 출발은 이미 시작되었다.

>   팽팽한 수면이 고요를 이루고 있다
>   받들면 받들수록 가볍지 않은 무게
>   호수는 수련잎처럼
>   따스한 녹색이다
>
>   나는 창을 열고
>   그 표정을 들여다본다
>   잊고 있던 상처의 핏빛 울음 같은
>   내 안의 비밀까지도
>   거기 엉켜 있다.
>   -「호수」전문

처음 이 시집을 읽었을 땐 좀 쓸쓸하고 적막했다. 도처에서 소통의 단절을 말하고 있었기 때문이다. 식구들 다 떠난 '폐가'에선 문 열어 놓고 흩어진 옛 식구를 기다리는 풍경의 을씨년스러움을 보여주고, '휴대폰'에선 너무나 편리하지만 정작 허공에 흩뿌려지는 금속성 음성의 불안과 일회성에 매몰된 오늘을 말한다.

하지만 오늘의 독자들에겐 그 쓸쓸함은 어느 정도 익숙한 것이다. 항생제의 내성을 가진 환자 앞에서 의사는 딜레마에 빠진다. 나름대로 여러 장치를 가동해 보지만 쉽지 않다. 중장이 그런 예다. 미동도 없는 호수지만 하늘을 받든 물리적 힘은 엄청난 무게를 가졌음을 말한다. 둘째 수의 그 고요 속에 숨은 상처의 핏빛 울음과 내 안의 비밀은 해제된 복선처럼 읽힌다. 잘 짜인 시편이지만 약간 긴장감이 줄어든 감이 있다. 그러나 부록을 비롯한 여러 가편에 의해 그 아쉬움은 금방 해소된다.

1
각주도 나보단 팔자가 낫다고
뒷 페이지에 앉아서 투덜거릴 때가 있다.
세상이 그런 불평을 받아 주진 않지만

서언序言처럼 유려하게 얼굴을 내밀 수 없고,
결론처럼 화끈하게 주장을 펼 수 없다는,
카니발 뒷자석에 앉은
부록들의
불만을

2
아내의 성화에 못 이겨 전셋집을 옮기고,
아들의 고집으로 전학을 시키면서
김씨는 어쩌면 자기가

부록 같은 생이라고?
　　-「부록」전문

　우선 부록의 인생이란 새로운 시어의 차용이 신선했다. 각주, 서언, 결론, 주장 같은 시어들은 잘 못 쓰면 영 망칠 우려가 있다. 그런데 이 시에선 잘 직조시켰다는 느낌이다. 드라마에선 조역이 있지만 인생에선 조역이 없다. 화려함과 비참함은 남들과의 비교에 의한 것이며, 사회 구성원들이 묵시적으로 정한 잣대에 불과하다.
　어떤 글에서 각주는 부록보다 나을 수 있다. 또한 서언과 결말은 각주나 부록보다 존재감이 훨씬 낫다. 각주는 그래도 본문을 설명하고 있으므로 따로 떨어져 놀진 않는다. 물론 서언의 주장과 그 주장을 완벽히 결정짓는 속 시원한 결말에야 미치지 못하겠지만. 그런데 부록은 아예 본문과는 아무 상관이 없다. 따로 떨어져 있지만 완전한 하나의 생명체로 인정받지도 못한다.
　그 불완전한 존재가 김씨의 인생이다. 나는 편리한 데로 앞에서 인용한 시「비누」에서 등장한 그 김씨라고 생각한다. 김씨는 '아내의 성화에 못 이겨 전셋집을 옮기고,/아들의 고집으로 전학을'시킨다. 그가 이사 온 동네는 자산동 달동네다. 간혹 힘든 노동의 귀가길에서 비누 같은 초승달을 보기도 한다. 집 앞 선술집에서 "내 인생은 부록인가?"라며 막걸리잔을 들기도 한다. 이대로 가다간 드라마가 끝날 때까지 주인공은 영영 되어보지 못한다. 아니, 서언과 결말은 고사하고 각주 같은 조연도 못해볼 지도 모른다. 그저 한 권의 책 뒤편에 따로 떨어져 나앉았거나 아예 별책이 되어 떠돌지도 못한다. 그것도 나의 값은 없고 본 책의 값에 덤으로 매겨진

허랑한 존재로.

  이 시를 여기까지 읽었다면 책값의 본전을 뽑은 것은 아니다. 아니, 내 생각일 뿐일 수도 있다. 시인은 부록의 아픔을 말하면서 맨 마지막 행을 '부록 같은 생이라고?'라며 물음표로 끝내고 있다. 문제는 이 물음표 하나다. 내 비록 부록 같은 생이지만, 미안하지만 부록 때문에 사는 책도 있다고 자위한다. 세상이 나를 단역으로 인정해도 나는 당당한 주연이다. 주연과 단역으로 갈라놓은 당신들의 등식을 되묻고 싶은 것이다. 이 물음표 하나가 이 시를 특별하게 만든다. 그렇게 읽는 것은 나의 자유다. 김씨가 자신을 단역이 아닌 주역이라 여기듯 나도 독자로서의 주관을 당당히 표현하고 싶으니까.

  이우걸 시인은 이런 식으로 자신의 시에서 작별을 고하고 또 새롭게 시작하고 있다. 그 출발은 이미 시작되었다. 이 시집 한권을 들고 전혀 객관적이지 않은 시선으로 읽었다. 그래서 서평이 아니라 단상이라고 적었음을 이해해 주시기 바란다.

서우승 시인과의 산상대담山上對談
― 어느 늦봄 서우승 시인과 마주 앉다

　서우승 시인과 통영 달아공원 산정에 앉았다. 지리산 천왕봉쯤이라면 모를까, 작은 공원에서 산상대담山上對談이라니. 그래도 서우승 시인께선 이 제목이 좋다고 해서 붙여보았다. 첫 만남은 25년 정도 되었고 여러 차례 술자리를 함께 한 적도 있다. 소탈하고 정 많고 제도권 문단과는 거리를 가진, 그래서 더욱 친근했던 첫인상은 세월이 한참 흐른 지금까지도 변함없다.
　1982년, 나는 동인활동에 골몰하고 있었고, 심심한 날엔 갤러리에 나가 그림구경을 하곤 했다. 당시 '간이역'의 시인 박재호 선생께서 경영하던 해조문화사는 마산 남성동의 동서화랑 건물 2층에 있었다. 화랑에서 나오다 박재호 선생께 인사나 하려고 출판사에 들렀는데 중년 신사 한 분이 앉아 있었다. 나중에 안 것이지만 그분이 바로 서우승 선생이었다. 『카메라 탐방』 시집을 내기 위해 원고 뭉치를 들고 온 것이었다. 그 전부터 「카메라 탐방」 연작에 대해서는 무척 많은 관심을 갖고 있던 터였지만 생면 부지한 관계로 그때 인사를 드리지 못하고 헤어진 것이 첫 만남이었다.

  통영은 내가 평소 놀러가기 좋아하는 도시고 벗도 여럿 있으므로 간혹 선생을 뵙고 오곤 한다. 해산물을 전문으로 하는 선술집이며 직장 근방의 밥집에서도 더러 만나기도 했다. 시조에 대해, 근래 한국문단의 흐름에 대해, 혹은 마땅찮은 시류에 대해 그리고 늘 실천한다는 건강법에 대해서도 말씀을 쏟아내기도 한다. 그러나 아직도 모르는 게 많다. 그가 추구하는 필생의 문학과 인생에 대해. 마침 『시조월드』가 이런 자리를 마련해 주어서 마음먹고 얘기를 나눌 수 있었다. 감사의 말씀을 전한다.

  이달균: 일 년 만에 달아공원에 왔습니다. 장마가 그친 바다는 해무로 가득합니다. 조금 궁금했던 것부터 하나 질문하겠습니다. 선생님은 진정한 통영 토박이입니다. 한국의 나폴리로 불리는 아름다운 도시지만 솔직히 남도의 작은 도시입니다. 답답하거나 떠나고 싶다는 생각은 해보지 않았는지 궁금합니다.

  서우승: 군복무 3년, 마산에서의 직장생활 1년, 해외취업 실패로 인해 타관을 전전한 2년 정도를 제외하면 통영에서 거의 전 삶을 살았고, 앞으로도 살 것이므로 나의 생애와 통영은 따로 떼어놓을 수 없는 곳이고, 다시 태어나도 선택하고 싶은 고향 또한 통영입니다. 아마 바다가 없는 곳에 산다면 향수에 너무 시달릴 것 같습니다. 비록 변방이지만 이곳은 숱한 섬들을 안고 있는 한려해상국립공원의 심장부입니다. 또한 어릴 적부터 먹어온 해산물을 못 먹는다고 생각하면 아찔해 집니다. 문화 예술 도시라는 자긍심도 단단히 한 몫을 합니다. 알다시피 최고의 예인들이 가

장 많이 배출된 곳이고, 다양한 전통문화의 기능과 예능을 대물림해 오고 있는 본고장이 아닙니까. 또한 이순신 장군의 얼이 깃들어 있으며 3백년 통제영 문화를 꽃피웠던 군항이었음을 떠올려 보면 변방이 아니라 문화의 중심 도시에 산다는 긍지가 있습니다.

   이달균: 통영 사랑이 대단한 줄은 진작 알고 있었습니다만 실은 선생님의 그 사랑에 비해 정작 통영에 관한 작품은 그다지 많지 않습니다. 그중 가장 애착이 가는 작품은 어떤 것이 있는지요?

   서우승: 그 보다 먼저 다른 분들의 통영예찬 글을 말해 보겠습니다. 우선 통영출신 유병근의 시조「통영회포」에 나오는 "물빛만 얼른 보아도 여기 통영 아닌가" 하는 구절을 좋아합니다. 통영의 이미지를 함축하고 있다고 봅니다. 외해는 거친 파도가 있지만 내해는 호수 같은 바다입니다. 이 바다를 안고 있는 통영은 벅수를 만들어 땅에 꽂아도 금세 미학적 감성이 피돌림 할 듯 도처에 신명이 넘쳐납니다. 통영을 소재로 한 소설로 통영출신 박경리의『김약국의 딸들』과 황순원의『잃어버린 사람들』이 있는데 이는 몇 번이고 읽어본 것들입니다.
   저의 작품 중 직접적으로 통영을 노래한 것은 몇 편 되지 않습니다. 그러나 거의 모든 시에는 통영의 냄새와 무관한 것은 없습니다. 너무 소중하면 함부로 이름도 부를 수 없는 그 무엇과 같은 이치라고나 할까요?

   이달균: 충분히 이해가 갑니다. 통영은 한국현대사, 그 자체입니다. 윤이상이 루이제 린저와 대담하면서 자신의 태몽을 말하면서 '상처받은 용'

이 되리라고 예언하였습니다. 그것은 비단 윤이상의 경우만은 아닙니다. 그래서 저는 여러 글에서 통영을 가리켜 '상처받은 용들의 도시'라고 명명하기도 하였습니다. 시인 유치환, 김상옥, 김춘수, 소설가 박경리, 김용익, 연극인 유치진, 화가 김형근, 전혁림, 이한우 등등 기라성들의 예술적 고향입니다. 1945년 '통영문화협회'의 탄생과 함께 예술이 지역사회에 끼치는 무한한 영향을 실감할 수 있게 되었습니다. 그렇다면 통영의 어떤 점이 이런 인물들을 동시대에 배출한 것일까요?

서우승: 그 부분은 전문적인 연구가 필요한 부분입니다. 역사적 배경도 있고, 일본과 가까운 지리적 배경도 있을 겁니다. 또한 청정해역, 온갖 진귀한 해산물의 보고이므로 경제력과도 무관치 않습니다. 그런데 여기서 매우 중요한 것은 통영이 현대시조와 밀접한 도시라는 것입니다. 일제 강점기 신문학운동이 전국적으로 확산되던 1926년 우리나라 시조동인지의 효시인 《참새》가 탄생된 곳입니다. 이어 그 이듬해 시동인지 《토성》과 1930년에 《소제부》, 1937년에 《생리》가 계속 발간되어 문학동인 시대를 열게 됨으로써 문향의 싹을 틔워 나갔습니다. 이런 문학적 기반이 있는 도시임을 여기서 강조하고 싶습니다.

그 후 예향의 기반을 본격적으로 다져나간 시점은 해방직후 '통영문화협회'가 탄생되면서 부터가 아닐까 합니다. 각 장르에 걸쳐 구성된 회원들의 활약이 전개되는 가운데 풍광과 인물에 반해 비중 있는 경향의 문화예술인들이 대거 들렀고, 자연스레 중앙문화가 지방문화에 접목되면서 새로운 기층문화가 자리 잡게 된 것이지요. 구상, 정지용, 김수돈, 이경순 등이 통영을 거쳐 갔고, 이를 입증하는 글과 기행일화들이 남아 있습니다. 6·25때는 문인으로 황순원, 이은상, 연극인으로는 향토출신 유치진, 허석(남실), 화가로는 이중섭, 남관, 박고석, 장욱진, 이석우, 조각가로는 김경승, 공예예술가로는 유강렬 등이 피난 와 머물면서 통영 문화 전반에 걸쳐 지대한 영향을 미친 것으로 알려져 있습니다. 물론 이영도 선생이 통영에 잠시 사신 적도 있지요.

오늘날 윤이상, 김용익과 같은 세계적인 명성을 얻은 이를 비롯하여 한국예술계를 주름잡는 걸출한 기라성들이 배출된 이면에는 개인의 치열한 장인정신과 노력이 있었지만 통영의 풍광, 지리, 역사, 기후, 물산 등 제반 환경이 예술혼의 자양분으로 작용했기에 가능했다고 전문가들은 분석하고 있습니다.

이달균: 『통영시지市誌』를 집필 하는 등 이곳 역사에 대해 해박한 줄은 익히 알고 있었습니다만 오늘 자세한 내용을 들으니 통영 예술의 발전 과정이 잘 드러나 보입니다. 그러면 시조 동인《참새》에 대해 좀 더 구체적인 언급이 필요하겠습니다.《참새》동인이었던 고두동, 탁상수 등과 초정 김상옥, 서우승으로 이어지는 연결고리는 이해가 가지만 현재 후학들이 그다지 많이 배출되지 않는 아쉬움이 있습니다. 통영 시조의 역사와 내일에 대해 말씀해 주셨으면 합니다.

서우승: 시조동인지《참새》는 1926년 음력 8월에 등사판으로 창간호를 낸데 이어 9월에 제 2호, 10월에 제 3호, 그리고 신년증대호로 제 4호를 내고 중단되었습니다. 비록 단명 동인지이지만 그 의의는 크다고 하겠습니다. 창간호에는 114수 78편의 시조가 실렸는데, 단수가 52편, 연

시조가 62수에 26편입니다. 제 2호는 고시조 2수와 동인 11명의 작품 88수 62편을 실었으며, 제 3호는 동인 12명의 작품 85수 55편을 실었습니다. 종간호인 제 4호는 고시조 2수를 필두로 시조 67편과 시조평론 1편, 그리고 가사 1편, 자유시 7편, 희곡 1편, 한시 9편 등 종합문예지 성격을 띠었습니다.

《참새》의 동인으로는 후일 한국시조단에 잘 알려진 탁상수, 고두동이 있고, 종합문예지로 변모한 제 4호에 얼굴을 내민 극작가 유치진, 시인 유치환 형제도 참여하였습니다. 이런 역사에 비해 현재 통영의 시조는 맥이 끊길 위기에 처해 있습니다. 물론 이 부분은 저의 덕이 부족하고 타고난 게으름으로 인한 소치가 아닌가 합니다. 몇 분의 시조인이 있지만 아직 선대의 성취를 잇기에는 역부족으로 보입니다. 타고난 문창성은 물론이지만 치열한 창작열과 삶의 경험을 조화시키는 노력이 필요합니다. 경향의 우수한 시인들과 활발한 교류를 통해 동기부여를 하고, 선후배간 허심탄회한 토론을 갖다보면 새로운 시조인의 태동을 기대해 볼 수 있으리라 여겨집니다.

이달균: 이제 선생님 개인의 문제로 화제를 돌려 보겠습니다. 아무래도 선생님의 이름 앞에 「카메라 탐방」을 떠올리지 않을 수 없습니다. 70~80년대 격동기를 거치면서 한국문학은 일면 저항적 면모를 띠지 않을 수 없었습니다. 시대의 요구이기도 했고 시인의 사명이기도 한 측면이 있었습니다. 이때 시조는 시대적 리얼리티를 담보하지 못했다는 이유로 한국시단에서 보이지 않는 폄하를 당하게 됩니다. 너무 단선적인 시각이 빚은 문단의 오류가 아닌가 합니다. 연작시 「카메라 탐방」은 이런 오류를

불식시키는데 매우 중요한 시집입니다. 풍자와 해학을 통한 시대비판의 장을 연 촌철살인의 단수들이었는데, 이 작품들을 발표할 때 그와 연관된 사연들은 없었는지 궁금합니다.

서우승: 1970년대 초·중반 군사정권 말기는 지식인의 수난시대였습니다.「카메라 탐방」은 시조로서는 드물게 서정을 배제하고 현실을 비판하는 내용이 주조를 이루었습니다. 하지만 홍경래나 만적을 등장시켰으되 어디까지나 풍자와 해학을 주무기로 사용했기에 전문가의 시각이 아니면 그 메타포가 뜻하는 의도를 완전히 간파하진 못합니다. 다만 현미경을 들이대고 이현령비현령 식 해석을 한다면 다분히 위험부담이 많은 작품들이었습니다. 다행히 지방에 묻혀 살다보니 조명을 거의 받지 못한 데다 될대로 되라는 식의 자학적, 전투적 사고를 지니다 보니 겁 없이 덤비게 된 것입니다.

당시 야당국회의원의 보좌관이 낙향만 하면 술자리를 함께 했는데, 그가 상경하고 나면 좁은 지역에서 술자리마다 내 시조가 회자되었는데, "서우승이 시조는 현 정부를 신랄하게 비판하는 내용이다."는 소문이 삽시간에 확산되기도 했습니다. 정작 시조가 무엇인지 잘 알지도 못하는 사람들의 입에서 입으로 전달되니 기가 막힐 노릇이었습니다. 아마 지금 생각해보면 그걸 정치적으로 이용할 속셈이 아니었나 싶습니다.

그 보좌관이 다음에 왔을 때 입조심해 줄 것을 신신당부했는데, 그로부터 1년여 세월이 흘렀을까? 진주의 어느 문학행사장에 참가했는데, 선배 문인이 나를 은밀히 불러내서는 "서형 조심해야겠습니다. 내 친구가 중앙정보부에 있는데 서형이 B급 리스트에 올라 있답니다."고 하였습니다.

순간 모골이 송연해져 오더군요. 그 곳 지하실에 끌려가면 어찌 된다는 건 익히 들어 알고 있는 터였기 때문입니다. 사실인지 아닌지는 모르지만 그날 들었던 말은 내 문학인생에 있어 매우 중요한 전환점을 가져다주었죠. 그 무렵 현실참여의 시에 조금씩 염증을 느끼고 있었으므로 시조의 본연, 즉 서정을 바탕으로 하는 삶의 노래를 쓰기로 단단히 결심을 한 계기가 되었습니다.

<u>이달균</u>: 그렇다면 지금까지 쓴 선생님 작품의 경향은 어떻다고 말할 수 있을까요?

<u>서우승</u>: 시인에게 이런 물음은 참 어렵고 곤란한 질문일 것입니다. 사람마다 약간의 차이는 있겠지만 저의 경우, 삶의 본질에 충실하면서 내 방식대로 당대적 고뇌에 동참하고자 줄기차게 노력해 왔다고 할 수 있겠습니다. 나아가 인류 공동의 화두인 생명과 환경문제, 그리고 우리 민족의 지상과제인 분단과 통일문제에 기여하고자 나름대로 애써 왔다고 생각하지만, 역부족임을 절감합니다.

<u>이달균</u>: 불교적 색채가 강하게 풍기는 작품이 많습니다.

<u>서우승</u>: 독실한 불교신자는 아니지만, 대대로 불교를 신봉해온 집안이라 어릴 때부터 불교의식이 지배하고 있었다고 봅니다. 인과응보, 윤회 등의 심오한 불교사상을 접하고는 내 인생을 성찰하게 됩니다. 그저 절이 좋아 어느 한 암자를 정해두고 20여 년 전부터 혼자서 정기적으로 다니

고 있습니다. 이 일이 내 안의 절도 가꾸는 일이라고 생각하기도 합니다. 불교적 안목에서 쓴 대표적인 작품으로 「빛갚기」, 「연기설」, 「심부름」, 「귀뚜라미의 노래」 등 10여 편이 넘어 보입니다. 앞으로 시간을 내어 교리공부를 더 해 본격적인 불교작품을 써 볼 계획도 갖고 있습니다.

<u>이달균</u>: 비슷한 시기에 등단한 시인들은 나름대로의 경향을 갖고 있고, 괄목할 만한 성취를 이루었습니다. 선생님과 함께 이우걸, 유재영, 박시교, 김현, 김상묵, 임종찬 시인 등이 쉽게 떠오르는데, 아쉽게도 무대 뒤로 사라진 두 분이 있습니다. 정시운 시인은 작품발표가 거의 없고, 정운엽 시인은 요절하였습니다. 이분들에 대한 추억이 있다면 말씀해 주시죠.

<u>서우승</u>: 정시운 시인은 완전히 무대 뒤로 사라졌다고 볼 수는 없습니다. 언제 다시 한 묶음의 작품을 들고 무대 전면으로 등장할지는 알 수 없기 때문이죠. 대가의 자질을 가진 시인이므로 충분히 가능성이 있는 얘기이기 때문입니다. 꾸준히 문단활동을 하였다면 아마 개성적인 시세계를 갖지 않았을까 싶은데 아쉬움이 큽니다. 또 한 분 정운엽 시인은 교통사고로 요절하였는데, 사고 전에 중앙일보에 보낸 작품(제목은 기억이 나지 않음)은 흡사 죽음을 예감하는 듯한 냄새를 가진 작품이었습니다. 유고작으로 지면에 발표되었는데 생전의 다른 작품보다도 뛰어난 것이어서 그때의 비감한 마음은 지금도 마찬가지입니다.

<u>이달균</u>: 사람들은 선생님을 가리켜 주석을 휘어잡는 매력이 있다고 합니다. 호방한 기질과 주량이 한 몫을 하지만 음률을 살리며 외우는 시편들

이 많아서이기도 합니다. 언제부터 시를 외우기 시작했는지 궁금합니다.

서우승: 조금 쑥스럽네요. 나의 시 외우기는 제법 입소문이 나 있습니다. 괜히 입바른 소리를 하여 주석을 긴장시키는 등 타고난 저항적 기질을 좀 더 문학적으로 승화시키기 위한 한 방안이기도 했습니다. 거슬러 가보면 애초의 시 외우기는 어릴 적 시조카드놀이에서 비롯되었습니다.

처음엔 고시조를 많이 외웠습니다. 이후로도 좋은 시나 시조를 외웠지만, 리듬을 살려 맛나게 외우기는 박재두 선생님을 뵙고 부터였습니다. 선생님의 작품은 죄다 암송하기를 즐겼는데, 낭송하는 자세 또한 선생님에게서 배웠죠. 절창 대목에 이르면 흡사 시조신時調神이 들린 분처럼 신명이 솟구쳐 올라 목구비가 심하게 끄떡여지고 음정은 높고 속도는 빨라지고 눈이 감기면서 얼굴이 벌겋게 달아오르는 것을 보았습니다.

외우기에 흥이 나는 작품은 따로 있는 법입니다. 박재두 선생님의 작품 중에 '밤내 도란거리는 여울소리 흘러들어'로 시작되는 「물소리」는 낭송 시로 제격이어서 지금도 뜻 맞는 문우들과 어울린 주석에선 시낭송의 단골메뉴가 되기도 합니다.

이달균: 객관적인 입장에서 시인 서우승의 초상화를 그려본다면 어떤 모습으로 그려질까요?

서우승: 글쎄요. 우선 글 농사짓는 입장에서 보면 소출을 많이 못낸 농부지요. 등단 34년이 됐는데도 시집이 4권뿐이니 말입니다. 변명 같지만 변방에서 가난과 외로움을 벗하며 문필활동을 하자니 코밑이 급한데 글

쓸 여유가 어디 있었겠습니까. 이력서를 내놓기가 부끄러울 정도로 학력이 없으니 내가 원하는 직장을 얻을 수도 없었지요. 농사도 짓고, 막노동도 하고… 양심을 파는 일 외에는 닥치는 대로 해야만 호구를 이을 수 있었습니다. 그런 생활이 나를 글 쓰게 가만 두지 않았던 것이죠. 자연히 중앙 문인들과의 교류도 원만하지 못하고 문학적 자극도, 고급 정보도 얻을 수 없었습니다. 하지만 이런 외적 요인보다는 목숨 걸고 작품 쓰지 못한 제 탓이 더 크겠죠. 이점 깊이 반성하고 있습니다. 요즘은 창작에 더 새록새록 욕심이 납니다. 어젠 밤을 새우며 3편을 얻기도 했는데 전혀 피곤하지가 않네요.

이달균: 마음이야 늘 청춘이지만 문단에선 이제 어느덧 중진에서 원로로 가는 칠부 능선을 넘고 있습니다. 우리 시조의 오늘과 내일에 대해 평소 느낌을 말해 주십시오.

서우승: 그 부분에 대해서는 좀 말이 길어질 것 같습니다. 다소 격앙되더라도 제 목소리대로 전해주시기 바랍니다. 시조가 우리 민족의 생리에 가장 맞는 정형시로서, 오랜 역사와 더불어 아끼고 다듬어져 온 민족시라는데 이의를 제기할 사람은 많지 않으리라 봅니다. 동양문화의 뿌리라고 할 수 있는 한자문화가 중국에서 한국, 일본을 거치면서 나름대로 꽃을 피운 것은 주지의 사실입니다. 또한 이들 삼국이 각자 독특한 전통시가를 갖고 있음도 중시하지 않을 수 없습니다.
 이를테면 중국은 오언시와 칠언시를, 일본은 와카와 하이쿠를, 우리 민족도 시조라는 민족시가 있어 이를 통해 민족정신을 가다듬어 왔습니다.

그러나 일본의 와카는 국시로 대접받고 있는데 비해 우리의 시조는 홀대받고 있습니다. 이는 시조를 쓰는 한 사람으로서 못내 아쉽지만, 책임 또한 통감하면서 우리의 시조가 사랑받지 못하는 이유를 몇 가지 지적하고 싶습니다.

첫째, 많은 실험과 시행착오를 거쳐 고시조에서 탈바꿈한 현대시조의 실체는 정작 파악하려 들지 않고 전통이라는 이름의 옷을 걸치고 전해오는 모든 문화를 덮어놓고 유물시하는 일부 문단과 독자층의 고착된 시각을 지적하지 않을 수 없습니다.

둘째, 이른바 다수의 시조인들이 아직도 옛 가락의 늪에서 헤어나지 못하는 이가 많다는 점입니다. 자수율은 물론이거니와 주제, 이미지, 시어에 이르기까지 시대성에 역행하는 케케묵은 고답적 냄새를 풍기고 있습니다. 옛날 선비가 전통적으로 즐겨 다루던 '매난국죽'이나 피세적인 요소만을 골라 소재로 삼기 때문에 가까스로 참신성을 획득하여 자리를 굳힌 현대시조마저 함께 매도되어 독자들은 시조라면 덮어놓고 식상해 하는 실정이 그것입니다.

셋째, 시조라는 그릇이 어느 소재라도 능히 소화해 낼 수 있는 기능을 지녔음에도 그 정형율의 답답함에 회의를 느낀 나머지 그만 자유시가 되게 한다는 점이다. 끊임없는 실험이란 시조의 장래를 위해 지극히 당연하고 또 그것이 자수상, 내용상의 혁신을 꾀함이라면 쌍수로 환영해야 할 일이지만 말입니다.

그러나 시조가 아닌 걸 시조라고 우길 수는 없습니다. 절장시조라는 이름아래 종장 하나만을 덩그렇게 뽑아놓고 성공한 실험인 양 착각하는가 하면, 두 장만 내세워 양장시조라는 이름을 붙이기도 합니다. 자수만 해도 그렇습니다. 자수란 무턱대고 늘리고 줄이고 하는 게 아니라 언어의 리듬에 따라 호흡이 결정된다는 사실에 유의해야 합니다. 앞으로 현대시조가 나아가는 데 있어 우선적인 과제는 자수변화의 시도도 중요하겠지만, 무엇보다도 시조라는 민족시의 그릇에다 어떤 것을 담아야 새로운 시대에 응전할 수 있는가에 초점을 두어야 하리라 봅니다.

대담하는 사이에 어느덧 서늘한 바람이 불어와 서서히 해무가 걷히고 있었다. 달아공원에서 바라보는 낙조는 아름답기 그지없다. 하지만 오늘은 놀을 보기가 쉽지 않겠다. 장마로 인한 습기 탓도 있고, 오랜만에 갠 서녘 하늘엔 구름도 없다. 아직 여름의 중심에 서지도 않았는데 바람은 가을의 냄새를 풍긴다. 아이스크림을 먹으며 공원을 걷기도 하고 정자에 앉기도 하면서 벌써 몇 시간을 보냈다.
"이 시인, 이왕 통영에 왔으니 싱싱한 자연산 회 맛이라도 봐야 될 것 아이가. 이제 고만 자리를 옮기뿌자."
선생의 제안으로 용화사에서 멀지 않은 한 횟집에 앉았다. 단골인 듯 주인과는 스스럼없는 농담을 주고받으며 회를 시키신다.
"펄떡펄떡 뛰는 놈으로 한 접시 주소. 그라고 소주하고 시원한 맥주부터 갖고 오소. 이 시인, 이집은 자연산 횟집인데 요새 어데 이만한 회 묵을 데가 있더노? 양식장 고기는 매운탕을 끓여보면 알지. 담백하지가 않으께네." 하시며 소주에 맥주를 타 한 잔 시원하게 비워내신다.

이달균: 통영 출신의 김상옥, 박재두 두 분 선생님은 이미 추모의 글을 통해 문학적 관계를 밝힌 바 있습니다. 이분들 외에도 가르침을 받았거나

영향을 받은 문인이 있다면 어떤 분들이 있는지요?

서우승: 초정 선생님은 신춘문예에서 나를 뽑아주었다는 사실 하나만으로도 숙명적 은인입니다. 이 부분에 대해서는 여러 글에서 밝힌 바 있으므로 굳이 더 말하지 않겠습니다. 박재두 선생님은 나를 직접 가르친 유일한 스승입니다. 너무 일찍 생애를 완성하신 것이 못내 아쉽고 안타까울 뿐입니다. 청출어람을 도모함이 유일한 보은의 길이 아닐까 감히 생각해보곤 합니다.

이밖에도 책을 통해 마음의 스승으로 모신 분들도 많습니다. 거창하게 동서양 시인이나 옛 시인을 거론할 필요도 없이 시조시인 외에 미당 선생님을 비롯한 명망 높은 시인에서부터 갓 등단한 신출내기 시인에 이르기까지 작품만 좋다면 모두 마음속으로 스승으로 삼는다는 뜻입니다. 미당 선생님은 수년전 통영에서 처음이자 마지막으로 두어 시간 주석을 함께 한 적이 있는데, 내 작품에 대해 극찬을 해 주신 기억을 소중하게 간직하고 있습니다.

이달균: 문학적 스승에 대한 말씀 잘 들었습니다. 그렇다면 반대로 선생님의 문하에 둔 제자는 몇 명이나 되는지 궁금합니다.

서우승: 교직생활을 한 분들은 가르친 학생 중 문인들이 배출되면 개인지도와는 상관없이 문인을 몇 명 길러냈다고 합니다. 그렇지 못한 문인들은 찾아오는 문청들에게 시간을 쪼개어 개인지도 할 수 밖에 없습니다. 연로하지 않은 문인들은 전업문인이 드물기로 직장생활에서 틈을 내기

란 여간 힘들지 않죠. 문청이 극성스럽게 보채면 밤 시간도 마다않고 내어 주어야 할 때가 있는데, 귀찮기는커녕 무슨 사명감 같은 것이 겹쳐져 오히려 즐겁기 까지 합니다.

　이런 마음가짐으로 하나 둘 문청을 받아들인 것이 지금까지 6, 7명 쯤 되지만 여러 사연으로 소식이 끊겼고 내왕하는 이들은 둘 정도뿐입니다. 내 부덕의 소치이겠죠. 진작부터 시보다 인간됨됨이가 우선이라는 걸 가르치지 못한 게 후회스럽습니다. 그러나 더더욱 가관인 것은 어쩌다 지면에서 만나는 작품들이 아직 치졸의 수준에 머물고 있는데도 대가연하고 다닌다니 악화가 양화를 구축하는 사고나 내지 않을까 불안하기까지 합니다.

　이달균: 소맥을 즐기시고… 여전히 주량이 만만치 않아 보입니다. 두주를 불사하면서도 건강관리는 철저하다는데 비결은 무엇인지요?

　서우승: 새벽 산행과 목욕을 거르지 않고 합니다. 요즘 우리 예술인들도 유전적 결함이 없는 한 고령시대를 누릴 권리는 있습니다. 굴곡 많은 삶을 영위해 오면서도 건강만은 지키려 발버둥 쳐 왔습니다. 따지고 보면 인생이란 열차는 왕복이 없잖습니까. 이제 가슴으로가 아닌 머리로 쓰는, 즉 감성보다는 이성으로 창작에 임해 볼까 고민 중입니다. 이것도 건강관리의 일환이니까요. 술도 이제는 건강과 잘 어울릴 수 있는 '건강 맞춤 술'로 바꿔야겠다고 생각은 하지만, 글쎄… 허허! 가능할지.

　이달균: 중진에서 원로로 가는 길목에 서 계시지만 아직 왕성한 창작의

노정에 있습니다. 앞으로의 계획이나 바람이 있다면 어떤 것이 있겠는지요?

서우승: 그 보다 내 창작 노하우 하나를 먼저 공개합니다. 동기가 없이는 발전하기 쉽지 않습니다. 그래서 일부러 목표를 정하죠. 나보다 한 수 위의 시조시인을 은밀히 선의의 라이벌로 정해두고 상대가 모르게, 따라잡기 위해 혼신을 다합니다. 따라잡았다 싶으면 또 한 수 위의 라이벌을 정하고… (그동안 정한 라이벌들에 대해서는 재차 물었지만 그저 웃음으로 대답을 대신한다.)

가장 우선한 바람은 1982년에 펴낸 첫 시조집 『카메라 탐방』은 내 방황의 세월에 종지부를 찍은 시점이긴 하지만, 생활이 가장 곤궁했던 시기에 펴낸 터라 후회가 많습니다. 세로로 편집된 점이나, 장정 등에 대한 불만도 불만이지만 무엇보다 작품에 대한 퇴고를 거쳐야 하는데, 급한 대로 신문·잡지에 게재된 원작 그대로를 싣고 말았습니다. 수년 뒤에 초정 선생님께서 한 말씀 주셨는데

"젊은 사람이 다양한 어휘를 알고 있다는 것은 놀랍고도 칭찬해 줄 일이지만, 곁에 있었다면 귀때기를 끌고 와 수정하고 싶은 구절도 없지 않았네." 하고는 웃으셨지요. 해서 늦기 전에 연작 시조집 『카메라 탐방』 수정판부터 내고 싶습니다.

이달균: 그렇군요. 아직 건강도 좋고 기억력도 여전합니다. 직장 일에서도 예전처럼 짬을 내기가 그다지 어렵지만은 않다고 하시니 이제 늦둥이를 낳는 심정으로 좋은 작품을 보여주셨으면 합니다. 장시간 동안 수고로

움을 끼쳐드려서 죄송하고 허심탄회한 말씀 들려 주셔서 감사드립니다.

   산상대담에서 시작하여 횟집에서의 대화에 이르기까지 평소 나누지 못한 얘기들을 쏟아내었다. 제한된 지면 관계로 다 싣지 못한 사연들이 너무 많다. 데뷔시절부터 사귀었던 문우들과의 우여곡절, 먼저 간 벗들에 대한 회억도 빠지지 않았다. 시조로는 다 담을 수 없는 글맛 때문에 자유시도 쓴다는 고백 또한 신선한 것이었다.
   예술의 도시 통영에 서우승 시인이 산다. 풍류를 알고, 얄팍한 기교에 사로잡히지 않고, 할 말에 거침이 없는 우리 시대의 시인 서우승 선생과의 대담은 많은 것을 생각게 해 주었다. 남망산에 오르면 어진 미륵산도 보인다. 미륵산 능선이 가다 말고 비운 곳에 바다가 들어와 숨 쉬고 밀물이 차오르다 멎은 곳에 남망산 발목이 닿는다. 그래, 물처럼 차면 비워야 한다. 미륵산 아래 엎드린 예향 통영을 두고 오면서 선생의 시조 한 수를 외워보았다.

> 가을은 청상靑孀을 위해 귀뚜라밀 불러놓고
> 또 누군 귀뚜라밀 위해 가을을 비우나 보아
> 내생엔 짝 될 사람아 너는 무얼 비우며 사나.
> -「카메라 탐방. -필름 79」

-『시조월드』2007년 하반기호(제15호)

이승은 「고모역」엔 시간의 부스러기들이 있다

추억마저 헐거워진 남도 철길을 그리운 외로움만 절룩대며 가는 것을,

은행잎 우수수 지는 날, 손금 위에 환한 고모역.
- 이승은 「고모역」 전문(시집 『환한 적막』에서)

어느 시조문학상의 결과를 보면서 아직 시조를 바라보는 관점이 70~80년대적 시각에서 벗어나지 못하고 있구나 하는 생각을 갖게 되었다. 당시 시조는 문단에서 소외된 것처럼 인식되고 있었다. 그건 시조인들이 자초한 일이기도 했다. 일부의 시인들을 제외한 많은 시조인들이 고답적, 음풍농월적 고시조류의 작품이 주류를 이루고 있다는 느낌이 들었다. 시조 전문지를 중심으로 '그들만의 리그'에 골몰하면서 시대정신의 결여라는 비판에도 귀를 기울이지 않았다. 자연히 중요문예지에서 시조가 사라지면서 문단의 관심도 적어질 수밖에 없었다.
 90년대 들면서 시조단은 처절한 내부 반성을 거쳐 시로써 읽히는 정형

시 창작에 힘을 기울이게 된다. 이때의 화두는 시대정신을 넘어 시로 살아남는 시조를 쓰자는 것이었다. 한편으론 제어되지 않는 원심력으로 질주하는 자유시의 대척점에서 구심력을 가짐으로써 균형을 갖는 장르로 자리매김하는 것이었다.

앞서 말한 어느 저명한 평론가의 시조문학상 심사결과는 "실종된 시대정신의 회복"이란 관점에 초점을 맞춰 수상자를 결정하고 있었다. 하지만 이 작품은 창작자의 입장에서 보면 육화되지 않은 생경한 언어들로 구성되어 있고, 중요한 부분이라 말하는 리얼리티 역시 시조단에선 이미 극복의 과정을 거친 것임을 간과하고 있다. 다시 말해서 그동안 시조단의 변화에 관심을 갖지 않은 채 과거의 선입관으로 시조를 보려한 것이 필자와의 견해차를 갖게 한 것이다. 이제 시조에 대한 편견은 버려야 한다. 그냥 잘 빚어낸 시조와 그렇지 못한 시조, 감동이 있는 시조와 감동이 결여된 시조가 있을 뿐이다.

시조집 한 권이 도착했다. 이승은 시집 『환한 적막』이다. 떨림이 왔다. 아직 뜯지 않은 겉봉의 무게만으로 신뢰가 가는 시집은 흔치 않다. 가을 이른 잎들이 질 때 결실이 드러나듯이 이 시인도 따뜻한 겨울을 준비한 셈이다. 제대로 살림을 아는 이들의 집 헛간엔 장작이 쟁여져 있고 처마엔 시래기가 달려 있다. 그래야 제대로 겨울채비를 한 것이다. 하지만 한 권의 시집을 펴내어도 다 옹골지게 군불을 지피는 장작이 될 수 없고, 맛있는 된장국을 조리할 시래기가 될 수도 없으니 시작詩作이란 아무래도 수확이 알뜰치 못한 농사인 듯하다.

시집을 단숨에 읽었다. 수십 편의 시를 읽다보면 그루터기에 발이 걸려 넘어지는 시가 있는가 하면 책장을 넘겨도 아슴아슴 눈에 밟히는 시도 있다. 이런 시들은 저만치 던져두었다가 마음이 조금 평온해질 때 다시 읽는다. 두 번째 읽을 때는 시행 어느 구절이 마뜩찮아서 걸려 넘어졌는가, 혹은 내가 뭘 잘 못 읽어내었기에 그리되었는가를 생각하게 된다. 한편으론 다른 시를 읽고 있는데도 먼저 읽은 시의 여운이 아직 가시지 않아 원래의 페이지로 돌아가곤 한다. 이때는 처음 그 느낌이 시종여일한지를 가늠해 보기도 한다.

위 시 「고모역」은 두 경우를 동시에 경험한 흔치 않은 시였다. 전자의 경우에는 '그리운 외로움'이란 말에 걸려 넘어졌고, 후자의 경우엔 은행잎 지는 역사와 떠나고 기다리기 위해서가 아니라 그냥 그곳에 남아있기 위해 찾은 시인의 적막이 내내 눈에 밟혀 왔다.

80편이 넘는 작품들 중에 이 시를 들고 온 것은 단수의 장점을 잘 살려내었기 때문이다. 단수는 시조의 전형이다. 3장 6구로써 완전하다. 고시조가 거의 단수 형태로 전해지는 것은 노랫말로 온전히 전해진 정형성 때문이다. 현대에 와서 시조가 길어지는 것은 자유시의 영향도 있고, 음이 사라지고 눈으로 읽는 시의 형태로 발전했기 때문이다. 삶이 복잡한 것도 한 이유가 될 듯하다. 그러나 뭐니 뭐니 해도 단수 정형 고수를 위한 장인정신의 결여가 지적된다. 앞서도 말했지만 시조는 시의 본령을 지켜내는 마지막 보루역할을 해야 한다. 그러기 위해서는 우선 이미지의 명징성, 장과 장 사이의 여백 속엔 상상력의 공간을 충분히 확보해야 하며, 완벽한 결구를 짓되 여운을 남겨야 한다.

하이쿠가 세계의 문학이 된 것은 짧은 특징을 장점으로 잘 포장한 덕분이다. 하이쿠는 시조에 비해 훨씬 제한적이다. 17음을 지켜야 하며 계절을 뜻하는 구절이 들어가야 한다. 이런 정형성에도 불구하고 400~500만명의 하이쿠 인구가 있다. 그들은 작가인 동시에 독자다. 여기에 비해 시조는 융통성이 있고, 3장의 안정된 형식을 갖는다. 한때 양장시조가 시도된 적이 있지만 성공하지 못한 것은 미완의 형식 탓이리라. 시조는 콩트와 개그, 광고의 속성과도 닮았다. 종장을 어떻게 변형시키느냐에 따라 반전의 의외성을 가질 수도 있다. 그래서 과거의 시가 아니라 현재 미래의 시인 것이다.

  시조인 중에 단수가 대표작이 된 경우는 많다. 필자의 기억 속에 있는 작품들을 열거해 보면 장순하의 「고무신」, 서벌의 「서울」, 유재영의 「이 순간」, 이우걸의 「팽이」 등이 쉽게 생각난다. 장순하의 「고무신」은 1968년에 펴낸 시조집 『백색부』에 실려 있는데, 당시 파격적인 배행으로 눈길을 끌었다. 종장 마지막 구 "하나/ 둘/ 세 켤레"를 네모 칸으로 묶어 댓돌 위에 오두마니 앉은 신발을 시각적으로 그려줌으로써 차창에 얼비친 가족의 단란함을 보여준다. 유재영의 「이 순간」은 봄날 덩굴손이 뻗는 시각, 뻐꾸기 울음 속에서 메꽃 지는 적막의 한 순간을 그려낸다.

  서벌의 「서울」과 이우걸의 「팽이」는 이와는 다른 느낌으로 쓰여 졌다. 잠시 인용해 보자.

    내 오늘/서울에 와/萬坪 寂寞을 산다./안개처럼/가랑비처럼/흩고 막 뿌릴까보다.//바닥난 호주머니엔/주고 간/벗의 名啣

    - 서벌 「서울」 전문

    쳐라 가혹한 매여, 무지개가 보일 때까지 /나는 꼿꼿이 서서 너를 증언하리라/무수한 고통을 건너/피어나는 접시꽃 하나

- 이우걸 「팽이」 전문

「서울」은 드넓은 서울에 와서 돈도 없고 갈 곳도 없는 처량한 이방인을 노래하고 있다. 체험이 묻어난다. 절절하다. 호주머니 속에 든 명함을 만지작거리며 공중전화부스를 떠나지 못하는 한 사내가 가슴을 아리게 한다. 「팽이」는 다분히 80년대적 정서가 묻어난다. 초장은 맞으며 도는 팽이의 속성을 드러내어 민중의 신산한 삶을 비유한다. 중장은 현장에서 증언자를 자처하고, 종장에선 마침내 고통의 승화를 얘기한다.

「고무신」과 「이 순간」은 시인의 심상을 최대한 배제시켜 객관적 상황만을 연출한다. 이에 비해 「서울」과 「팽이」는 소시민 혹은 증언자를 자처하면서 시인의 의식을 드러낸다. 다분히 주관적이다. 하지만 이들 시조들의 공통점은 적확한 언어의 선택과 조형적 단단함에 있다.

물론 오늘 필자가 고른 「고모역」이 이승은의 대표작이라고 말할 수는 없지만 단수의 장점을 잘 살린 시임으로 텍스트로 삼기엔 부족함이 없다. 그런 전제로 이 시에 접근해 본다. 우선 형식을 보면 초장과 중장은 산문시 형태로 쓰여 졌다. 종장은 따로 떨어져서 독립된 장을 이루는데 비해 초중장은 한 문장으로 읽어도 무방하다. 원근의 처리도 그렇다. 초중장은 원경이고 종장은 근경이다. 초중장과 종장의 사이에 행을 띄워 알맞게 호흡을 조절해 두었다.

이런 풍경은 그대로 하나의 이미지가 된다. 하지만 이름 그대로 이미지가 되는 것이 있다. 우체국과 역이 대표적이다. 우체국과 빨간 우체통은 떠올리기만 해도 어떤 느낌이 온다. 역도 마찬가지다. 우체국과 역엔 기다림이 있다. 기다리는 동안 우리는 알맞게 발효되어서 또 다른 나로 돌아오게 된다. 그 숙성의 시간은 시 창작과 유사하다. 그래서 시인들이 즐겨 노래하는 소재이지만 그런 만큼 쉽지 않은 대상이기도 하다. 유치환의 '행복', 이수익의 '우울한 샹송', 곽재구의 '사평역' 등 먼저 쓰여 진 시들의 이미지에 손쉽게 편승할 위험도 있다. 그러므로 이들을 소재로 삼을 때는 앞의 시들을 뛰어넘는 무언가를 보여주어야 한다.

「고모역」은 두 가지 이미지를 가진다. 하나는 고모령이란 아픈 이별을 가진 역사적 이미지이고, 또 하나는 동음이의어에 의한 고모姑母, 즉 시대를 힘겹게 살아온 칠순 고모를 떠올리게 된다. 고모령顧母嶺은 박시춘이 작곡하고 현인이 노래한 '비 내리는 고모령'의 무대이기도 하다. "어머님의 손을 놓고 돌아설 때에 부엉새도 울었다오 나도 울었소⋯" 말 그대로 고모령은 어머니가 자꾸 돌아보고 가는 고개란 뜻이다. 작별하든 재회하든 이곳은 제법 분주한 곳이었을 것이다. 하지만 지금은 기차도 서지 않는 한적한 곳이다.

고모顧母라는 지명을 모르는 입장에서 고모姑母를 떠올리는 것은 자연스런 일이다. 우리 시대의 고모는 왠지 능소화를 닮았다. 능소화는 담을 타고 피지만 호박처럼 악착같지도 장미처럼 화려하지도 않다. 약간 처진 채 그저 세월에 순응하듯 필 때 피고 질 때 진다. 저만치서 늙어가는 오빠를 바라보는 고모의 눈빛처럼 선하다. 우여곡절을 한 몸에 갖고 살아온 나의 고모님께 이 시를 대입시켜도 크게 틀리진 않는다.

어느 날 시인은 '고모역'에 앉아 있다. 경부선 철길 대구 근교의 흔적만 남은 역이다. 이 역과 시인과의 상관관계는 뭘까. 그녀는 몇 년 간 대구에 산 적이 있다. 나이가 들었다지만 타관살이는 분명하다. 시인은 외로울 때마다 이 역을 찾은 것이다.

가을 깊은 어느 날, 괜히 고적해져서 이곳에 왔지만 추억할 그 무엇은 없다. 마음이 헐거워졌듯이 이 역에선 열차도 흔들리며 지난다. '그리운 외로움'이라니. 바쁜 일상 속에서인들 외로움이 없으랴만, 언젠가 못 견디게 외로웠던 날의 그것과는 비할 바가 아니다. '외로움' 이란 말을 너무 값싸게 남발한 건 아닐까. 서정의 봇물에 대한 시인으로서의 불만으로 이해해도 되겠다. 팍팍한 삶을 견디기 위해 좀 더 냉철해 져야 한다. 걸어온 삶의 한 구비에서 만났던 그 '절대한 외로움'을 오늘 이곳에서 만난 것이다. 그래서 외로움도 그리울 수 있는 것이다. 그 풍경은 데자뷰 현상처럼 낯익다.

'손금 위에 환한 고모역'은 한 뼘의 캔버스다. 국토 어디에도 철길은 있다. 그 얽힌 철길 위에 왜 잊혀져가는 한 역이 환하게 다가오는가. 하긴 꼭 부산하고 거대해야만 환한 건 아니다. 세상에서 잊혀 지지만 내 기억 속에서 특별하면 환한 것이다. 특히 이곳에서 그토록 그리워했던 단 한 번의 외로움을 만났다면 충분히 그럴 만하다. 손금도 세월 속에서 희미해져 간다. 운명선을 따라가면 농울 치는 날은 아니지만 기억하고 싶은 날들이 있다. 이제 외로움을 사랑할 준비가 되었다.

이승은 시인은 시력 28년의 중견시인이다. 이 시집은 6권 째다. 시조를 붙안고 오면서 할 말을 자르고 삭이는 일에 익숙해 졌다. 지나치게 정형을 의식하여 언어에 매이면 시조의 묘미를 잃게 된다. 더 단단해 지기 위해서는 구와 구, 장과 장의 호흡을 제대로 풀고 당길 줄 알아야 한다. 더 명징해 지기 위해서 이미지에 천착해야 한다. 이것이 현대시조의 당위성이고 존재방식이다.

시집 갈피 마다엔 "흩어지는 못다 쓴 시간"의 부스러기들이 보인다. 굳이 찾아 헤매지 않아도 그 시간들은 어느 날 불현듯 시인을 찾아올 것이다. 이 시 「고모역」속의 손금이 오래 묵힌 시간의 흔적이듯이.「먹그늘나비」라는 시에선 삶이 뭐냐고 묻기보다 묻어나는 곡절의 냄새를 먼저 말한다. '곯아서 문드러지는 그것도 향내라고'

-《현대시학》2007년 11월호

2부
닫힌 듯 열려있는
정형 미학

오승철 시집 『사고 싶은 노을』 서평
– 끝나지 않는 해원굿

　오승철 시인의 두 번째 시집 『사고 싶은 노을』은 제주에 바치는 사모곡이다. 토박이인 그에게 제주는 숙명이며 시의 원천이다. 누구에겐들 고향이 없으랴만, 한 시인의 시편 거의 전부가 고향을 노래한 예는 흔치 않다. 이 시집에 실린 57편의 시는 모두가 제주와 연관된 시들이다. 이들 중 38편의 시는 그에 관한 정보 없이 읽어도 시인이 제주 사람임을 단박에 알 수 있고, 나머지 19편은 직접적으로 제주를 말하지 않았지만, 상상력의 근간이 그곳에서 이루어진 것들임을 알 수 있다.
　시인은 즐겨 오름을 오른다. 몇 년간 제주 오름의 신비에 사로잡혀 360여 개의 오름들을 답사 중이다. 낮은 기생화산인 오름들은 위용을 자랑하지 않는다. 오히려 소박하고 다소곳하다. 덕분에 나는 그와 몇 군데 오름을 오른 적이 있다. '용눈이오름', '아부오름', '높은오름'을 차례로 오르면서 시인과 오름과의 상관관계를 생각해 보기도 했다. 그는 잰걸음을 걷지 않았고, 수십만년에서 수만년 전에 만들어진 생성의 기원에 대해 천천히 얘기하곤 했다.

  오름을 오르던 느린 보법은 시작활동에서도 그대로 나타난다. 그는 다작하는 시인이 아니다. 자신을 드러내거나 초조해 하지도 않는다. 1981년《동아일보》신춘문예와《시조문학》을 통해 등단한 이후, 1988년에 와서야 첫시집『개딲이』를 펴내었다. 그리고 16년이 지나서야 두 번째 시집『사고 싶은 노을』을 펴내었으니 말이다. 평생 한 권의 시집이면 족하다는 어느 선배 시인에 비하면 결코 과작이라 말 할 수는 없지만, 요즘 세태에 비춰보면 분명 느린 걸음이라 말할 수 있다.

  섬사람들은 늘 열망한다. 손 뻗으면 닿을 듯한 뭍을 열망하고, 수평선 너머로 떠난 이를 그리워하기도 한다. 어떤 이는 야반도주하듯, 또 어떤 이는 다시는 돌아오지 않으리란 맹세를 봇짐에 넣고 떠나기도 한다. 그러나 이내 떠나온 곳을 그리워하는 열병을 앓게 된다. 떠남과 회귀는 그들의 영원한 명제다. 이 시집은 그런 고리를 맺고 푸는 한의 집적물이다.

    제주에서 참았던 눈
    일본에 다시 온다.
    삽자루 괭이자루로
    고향 뜬 한 무리가
    대판의 어느 냇둑길
    황소처럼
    끌고 간다.

    파라, 냇둑공사 다 끝난 땅일지라도

40여년 〈4·3땅〉은 다 끊긴 인연일지라도
내 가슴 화석에 박힌 사투리를 쩡쩡 파라

일본말 서울말보다
제주말이 더 잘 통하는
쓰루하시, 저 할망들 어느 고을 태생일까
좌판에 옥돔의 눈빛 반쯤상한 고향 하늘

'송키 송키 사압서' 낯설고 언 하늘에
엔화 몇 장 쥐어주고
황급히 간 내 누님아
한사코
제주로 못가는
저 노을을 사고 싶다.
-「사고 싶은 노을」 전문

  처연하다. 삶이란 왜 이리도 고달픈 것인가? 살기위해 삽과 괭이를 들고 대판 쓰루하시 〈평야천〉 공사를 떠난 그들. 삶은 그들을 내몰았지만, 끝내 돌아오지 못했다. 48년에 일어난 4·3사태와도 무관해 보이지 않는다. 바다에서 뼈가 굵은 민초들에게 파도는 두렵지 않다. 하지만 예기치 못한 역사의 풍파는 그들도 피해갈 수 없었다. 시인이 대판을 찾은 날은 참았던 눈도 그만 내리고 만다. 부지깽이라도 고향 것을 만나면 반갑다. 하물며 피붙이가 왔는데 하늘인들 무심하랴. 젊은 날 고향 떠난 제주 할

망들은 좌판에 누운 옥돔처럼 눈빛이 상해있다. 아직도 일본말보다 제주말이 더 잘 통하는 사람들. 고향에서 본 낯익은 황혼. 살 수만 있다면 오늘은 저 놀을 사고 싶다.   이렇듯 제주는 그를 상처받게 하고 쉽사리 위무해주지 않는다.

가을이면
영도다리 저도 뱃길 안 열고 배겨?

식민지의 바다에 출소 소식 전해지듯
그런 날, 저 숨비소리 뱃길 안 열고 배겨?
…〈중략〉…
아무도 그 기억이 있을 수 없는 영도땅의
사랑이여,
세상은 조서나 꾸미는 거

가을날 그 무슨 물음에
고향가질 못 하시나.
– 「옥련이」 부분

옥련이에게도 고향은 멀다. 옥련의 마음을 부여잡은 부산 제주 간의 화학적 거리와, 수평선에 발목 잡힌 채 식민의 바다에 떠도는 영혼은 무엇일까? 그곳엔 숨겨진 역사가 있다. 1932년 일제의 해산물 수탈에 항거해 1천여 명의 해녀들이 시위를 벌였는데, 옥련은 3인의 주동자 가운데 한사람이었다. 바로 〈제주해녀항일운동〉이다. 이제 오승철 시인의 해원굿이 왜 붉은 놀빛이었던가를 어렴풋이나마 알 수 있다.

1.
쇠뿔로 뻗은 가지 뻗어나간 그 권세가
종지읏 뿌리듯이 뿌려놓은 마을집들
오백년 현청 곁에서 말방이나 놓고 있다.

2.
가을은,
용서 못하면 죄가 되는 이 가을은
나도 천년쯤을 귀양 살고 싶어진다.
가지끝 피묻은 세상 홍시처럼 뵈는 날은
- 「성읍리 느티나무」 전문

현청이 있던 마을, 성읍리의 낮은 집들을 아무렇게나 흩뿌려 놓은 종지읏에 비유한다. 반면에 느티나무는 높은 권세로 그 마을을 굽어본다. 용서받지 못한 선비들은 제주에 유배 온다. 그러나 정작 유배지에서 나고 자란 시인은 귀양 갈 곳이 없다. 동헌이 500년 권세를 누려왔다면 시인은 차라리 한 천년쯤 유배살고 싶어 한다. 이제 성읍엔 나무만이 그 사연들을 안다. 시인은 그 곁에서 귀기울여 보지만 말방이나 놓을 뿐 아무 말이 없다.

그럴 때 시인은 방선문 계곡으로 나가본다. 그곳은 신선이 방문한다는 큰 바위문이란다. 커다란 바위벼랑에 쓰여진 숱한 이름들과 시편들. 유배지를 지키는 제주사람들에겐 현령이든 유배객이든 상전이 아니었던가. 그들은 '방명록 서명하듯 바위마다' 이름들을 써놓았고, 석수장이들은 벼랑에 새끼줄을 타고 매달려 글을 새겼으리라. 뭍에서 온 권세 높은 양반들은 노래와 술타령을 하였을 것이고, 섬사람들은 술과 고기를 바쳤을 것이다. 그리고는 또 필을 들어 이곳의 일들을 고하였을 것이니, 마침내 '마지막 유배지에서 무얼 고해 바쳤을까'하고 되묻고 만다. 오늘도 '하류로 못 가 나뒹구는 저 자갈돌들' 깨뜨리는 '방선문 딱따구리'는 사연 많은 한 시인의 유배일기다.

    친구여
    우리 비록
    등돌려 산다해도

    서귀포 칠십리
    바닷길은 함께 가자.

    가을날 귤처럼 타는
    저 바다를 어쩌겠나.
    -「서귀포 바다」전문

  서귀포 바닷길은 사람의 일을 쓰다듬어 준다. 유배 사는 이에게도, 등돌린 이에게도 바다는 가슴을 내어준다. 그 칠십리 길을 가다보면 미움도 원망도 가라앉지 않을 것인가. 귤빛으로 타는 바다의 황혼, 그 놀에 기대어 보면 세상사는 한갓 분진에 지나지 않는다. 하지만 시인은 쉽게 그 갈등의 고리를 끊지 못한다. 그래서 시인은 이렇게 자신을 다그치는 것이다. 가장으로서 가족들에게 시선을 주면서 갈등에서 놓여나고 싶어 한다.

아무렇게나 살면서도
늘 살아 있어야지.

가을밤 별자리 옮겨 앉듯 납작집에 옮겨살면 수출용 일본자수를 놓는 아내의 절름발이 수틀에도 별이 뜨고, 보채는 내 딸 새미의 눈에도 가난한 나라의 별은 뜨고 한국의 하늘만 참 맑다.

낼 아침 출근을 위해
일찍 자야 하는 시인.
-「별」부분

가을날 귤빛으로 타는 노을 속에서도 등 돌려 사는 벗과의 화해를 이루지 못했다. 사랑이 너무 깊으면 상채기가 난다. 그 상처가 짓물러 터지지 않고서는 치유되지 않는다. 황혼 속에서 흔들리며 외로워했다. 이제 밤이 깊어 집에 돌아왔다. 고단한 날을 되새겨 본다. 이리 굴리고 채이면서도 살아있고 싶고 시인이고 싶다. 처마 낮은 집, 방안엔 수출용 자수를 놓는 아내의 수틀과 보채다 잠든 딸의 하늘이 있다. 오늘 밤은 새삼 맑아 보인다.

시인은 그렇게 화해를 준비한다. 神에게도 아름다운 서귀포로 오시라 한다. '하늘에는 천제연만한/ 맑은 못물 없으시'니 이제는 '하늘 닿은/ 저 뱃길을' 터놓으시라 보챈다.

그는 제주에 오래 머물러 있었다. 이 시집 『사고 싶은 노을』은 서귀포의 바람, 역사 속에서 속죄하고 번민했던 날들의 비망록이다. 그래서 돌아오지 못하고 떠도는 제주새들의 혼령을 따라 떠나곤 했다. 이런 제주 사랑은 이제 외려 그를 옭죄는 족쇄가 될지도 모른다. 앞으로도 오승철 시인의 끝나지 않는 해원굿을 보게 되겠지만, 애절한 놀빛 시어들은 천제연 못물에 씻어 밝아졌으면 한다. 이 시집 한 권을 읽으면서 제주의 알려지지 않은 곳곳을 여행할 수 있어서 행복했다. 그와 함께 서귀포 칠십리를 걷고 싶다.

구성진 창보唱譜처럼 읽히는 신웅순의 시조미학

1. 먼저 시조의 원류를 알자

 2016년인가, 어느 월간잡지에 월평을 쓰다가 문득 한계에 부딪혀 그 소회를 밝힌 적이 있다. 시조를 쓰는 한 사람으로서 애써 외면해 왔던 것에 대한 자책과 반성이었다. 여러 지면에 평문들을 썼지만, 그 시원始原에 관한 탐구를 제대로 하지 않은 채 발표한 것에 대한 고백이었다. 누구나 잘 알고 있듯이 시조는 시조창에서 시작되었고, 청구영언이나 해동가요, 가곡원류에 실린 노랫말들을 중심으로, 즉 음률을 뺀 언어만의 시를 써왔기 때문이다. 그러다보니 지금은 시조창을 포함한 가곡인과 음률과 가락을 뺀 시조시인 두 부류로 나눠져 전혀 다른 장르인 양 활동하고 있다. 시조창을 부르는 사람들은 시조창작을 못하고, 시조를 쓰는 사람들은 시조창을 못한다.
 시조의 종장 음보는 3-5-4-3을 지켜야 한다. 반드시 첫 3글자를 지켜야 하고, 다음 5글자 이상을 지켜야 한다. 그 이유를 물으면 "시조 고유의 정형이기 때문에"라고 말한다. 그렇다면 "왜 이런 고유의 정형성이 만들어졌는가?"라고 질문하면 대답은 궁색해진다. 나에게 청진기를 대보면 그것은 바로 시조창에 대한 지식이 부족하기 때문이 아닐까 싶다. 노래를 하다보면 밀고 당기기도 하고, 절정에서 소리를 지르기도 하다가 서서히 음률을 고르며 마무리를 짓기도 한다. 이런 가락이 노랫말을 만나 하나의 정형을 이룬 것이 아니겠는가. 그래서 초장은 초장의 음보가 있고, 중장은 중장대로, 종장은 종장만의 음보가 있는 것이다.

이런 고민을 해결해 주실 분을 찾던 중 신웅순 교수님을 알게 되었다. 물론 평소 시조시인 신웅순을 몰랐던 것은 아니다. 그러나 시조창과 시조 작법의 일치라는, 평소 내가 잘 몰랐던 부분에 대한 고견을 들려주실 분으로서 다시 만나게 된 것이다. 그래서 계간《시조예술》지를 접하게 되었고, 간간히 지침서로 펼쳐보게 되었다.《시조예술》은 이런 부분에 대한 고민 끝에 탄생된 잡지인데 지금은 아쉽게도 간행되지 않고 있다. 이 책이 여느 시조 잡지와 다른 점은 바로 이런 인식에서부터 출발했기 때문이다. 신웅순 시인이 직접 밝힌 권두에세이 한 부분을 인용해 본다.

"시조에도 변하지 않는 것이 있고 변해야 하는 것이 있다. 변하지 않는 것은 3장 6구 12음보요 이것이 노래로 불리어져야 한다는 것이다. 이것이 변한다면 그것은 이미 시조가 아니다. 불리어지지 않는 현대시조는 반만 시조일 뿐, 현대시조가 아닌 옛시조만 부른다면 한낱 유산에 지나지 않을 것이다. 부르기 위해 3장 6구 12음보가 생겼는데 지금도 많은 시조들이 지어지고 있는데 현대시조를 부르지 않고, 자유시의 대가 되는 정형의 문학으로만 창작할 것인가 아니면 고시조만을 불러 과거의 유산으로 보존해야 할 것인가"

이 말은 고시조를 고집하자는 것이 아니라 현대시조를 쓰되 원래 노래의 양식이었던 음보를 제대로 알고 쓰자는 진정한 의미의 시조운동의 필요성을 역설하고 있다. 이 책은 예전에 잘 알지 못했던 기본적 소양을 조금이나마 알게 해 주었고, 그런 인연을 밑천으로 더러 교수님께 다가가기도 했다.

이 글을 쓰면서 다소 장황하게 이런 인연을 밝히는 것은 신웅순의 시조가 이런 바탕 위에서 창작된 것이기 때문이다. 이제 보내주신 3권의 시조집을 중심으로 따라가 보자.

2. 韓山은 어디이며 누구인가, 시집 『한산초韓山抄』를 읽고

1997년에 펴낸 시인의 시조집 『나의 살던 고향은』은 한산초 연작 단수 50수로 이뤄져 있다. 제목에서 읽을 수 있듯 이 시집은 고향 연모 시편들이다. 그런데 시인의 말을 읽어보면 고향에 대한 절절한 사랑과 그리움을 노래하면서도 옛 모습을 잃어버린 것에 대한 비극적 애환을 드러내고 있다. 이를테면 "비가 오면/산과 들이 텅 빈/하늘도 텅 빈/내 고향이 참으로 싫다./시간을 잘라낼 수만 있다면/잘라낸 시간을 다시 맞출 수만 있다면/앙상한 뼈로 논밭이 드러난 고향/내 고향의 사금파리들을 이리저리 주워 맞췄다." 그러나 비록 고향은 다시 옛 모습으로 돌아올 수 없으나 사랑하는 사람들, 그들의 체온을 닮은 사람들을 만나고 싶다는 염원을 표시한다. 이 시집은 눈물을 딛고 따뜻한 온기를 찾아가는 시집이다.

「한산초韓山抄」 연작이 말하는 한산은 그의 고향이며, 시인을 키운 몸과 얼을 얘기하고 있다. 구체적인 지명으로 다음백과에서 한산군을 찾아보면 "충청남도 서천군 한산면·화양면·기산면·마산면 일대에 있던 옛 고을"이라고 알려준다. 지금은 충남 서천군 일대를 말하는데 이 지방의 대표적인 특산물은 중요무형문화재 제14호로 지정된 한산모시가 있다. 특별히 이 시집 제1부에서 모시를 언급하고 있는 것을 보면 올 곱고 깨끗한 한산모시의 특성이 시인의 성정과 불가분의 관계에 있음을 알 수 있다.

절절이 젖어오는
주류성의 퉁소 소리

모시옷에 표백되어
금강물은 굽이치고

전설을 찾아 백학이
남은 한을 쫓는다
-「한산초韓山抄·1-모시」

주류성은 나당연합군의 파죽지세에 항거한 백제의 거점이며 임시수도였다. 그러나 끝내 성은 함락되고 백제는 멸망의 길에 든다. 지금 금강은 그 비극의 역사는 모른 채 흘러가지만 시인은 그곳에서 천 년 전 퉁소 소리를 듣는다. 금강은 부여에서는 백마강, 또 다른 이름으로는 곰나루라 불리기도 했다. 이 물을 젖줄 삼은 사람들은 아직도 이곳에서 삶을 영위하고 있고, 이 물로 밥 짓고 모시옷을 해 입었을 것이다. 그들의 수많은 애환은 전설이 되어 떠돈다.

이 시 중장에 쓰인 "모시옷에 표백되어"는 다른 시에서도 계속 노래된다. "그 어둠 물들이며 테모시 펼쳐내면", "풀먹여 결 고른 티끌", "한올 한올 숨을 뽑아", "베실 새로/들려오는 함성 소리", "한올 한올 삼경을/숨소리에 포개놓고", "감으면 저며 와서/베실을 가르는데"…로 1부 전체로 계속 변주된다. 물론 1부를 제외한 다른 시편에서도 등장한다.

시인은 모시의 순한 결과 아름다운 맵시를 통해 옛 역사의 한 때를 거닐며 시 몇 수로 정한을 달래고 있다. 그렇다. 이 시를 통해보면 한산모시는 그냥 의식주의 한 부분인 단순한 옷이 아니라 면면히 이어오는 백제인의 혼이며 삶 그 자체인 것이다. 「한산초韓山抄」 연작을 쓰면서 굳이 서시에 해당하는 작품으로 모시를 택한 것은 그만한 이유가 있었으리라 여겨진다.

> 한생을 달군 벌이
> 차돌처럼 한은 굳고
>
> 징소리도 뒹군 마당
> 못다 버린 목소리들
>
> 햇불로 밝혀온 역사
> 처용들이 웃는다
> -「한산초韓山抄·18」

2부의 '봉선화' 역시 1부에서 노래한 한산모시처럼 금강과 백제의 한은 이어진다. 하지만 자세히 들여다보면 1부에서 노래한 백제의 정한에 예속되지 않고 간간이 신라와 현대를 불러와 화해의 꽃을 피우려는 심사를 드러낸다. 위 시 "횃불로 밝혀온 역사/처용들이 웃는다"는 19번에 이르러서는 "에밀레로 오열하다/우레되어 흩어지면" 같은 구절로 변주되다가 종장 "태평무로 춤을 춘다"로 종결된다. 첫 구절인 '반만년'과 '태평무'는 갈등보다는 화해 혹은 미래를 여는 노래처럼 읽힌다.

　　신명으로 번진 들불
　　꽃불로는 끄지 못해

　　비가 오면 풀벌레는
　　폐촌에서 떼로 울고

　　두고 간 고향의 불빛
　　매립되어 피는 들꽃
　　－「한산초韓山抄·24」

　3, 4, 5부에선 금강에서 비롯된 산하와 도시들이 문명이란 이름 아래서 유린되는 현장을 고발하고 있다. 위시는 도시로 떠나간 사람들과 지역과 정신의 매립을 아프게 노래한다. 누천년을 이어온 집과 마을들이 사라진다. 문명이란 이름의 들불을 어찌 꽃불로 끌 수 있을까. 아이 울음소리 들려오지 않는 마을은 풀벌레들의 울음만 자욱하다. 어디 그 뿐인가. "허리

다친 푸른 산맥/ 붕대 굵게 감은 도로// 시대마다 굽이치며/산하 붉게 물이 들고//무더기 들꽃으로 핀/혼불 밝힌 아파트"(한산초韓山抄·30)에 이르면 구체적인 모습으로 드러난다. 이농은 풀벌레의 마을로 전락되고 시대는 산맥에 붕대를 감는다.

  이 시집은 백제의 역사에서 현대에 이르기까지 금강 하구의 변화되는 모습에 돋보기를 들이대고 있다. 전체 5부로 짜여 진 50수의 시조는 한 수의 시조처럼 읽힌다. 한산 서사시라고 해도 무방하다. 시인은 어떤 소재라도 3장 6구 12음보면 충분하다고 말하는 듯하다. 이 시집은 시인의 단단한 시조적 고집을 보여준다. 단아한 언어들로 파격 없는 단수 정형에 충실하겠다는 의지를 보여주는 시집이라 하겠다.

3. 사랑에 관한 질문, 『누군가를 사랑하면 일생 섬이 된다』를 읽고

  2008년 펴낸 이 시조집은 사랑에 관한 질문으로 가득 차 있다. 동서고금을 막론하고 사랑만큼 많이 노래되어 온 것이 있을까. 고전에서부터 유행가에 이르기까지 사랑은 끊임없이 회자되어 왔고 앞으로 영원할 것이다. 그런 까닭으로 사랑의 빛깔은 수 없이 다양하다. 지고지순한 사랑이 있는가 하면 팜므 파탈이 있고, 능욕의 처절함이 있다.

  그렇다면 이 시조집의 사랑은 어떤 모습일까? 시인의 말에서 "봄비가 내리는 날이면 시가 되는 가슴 한 켠"으로 '내 사랑은'은 막을 내렸다. 50편의 시조들은 사랑하는 사람들에게 못 부친 엽서 한 장 한 장들이다. 서러운 가슴 한 켠에 남아 흔들리는 풀꽃들이다. 바람에 날아갈 것 같아

이제는 이 천치들을 그들에게 부쳐줘야겠다."고 고백하고 있다.

    함박눈 때문에
    인생은
    굽을 틀고

    늘 거기
    섬이 있어
    사랑은 출렁이나

    울음이 섞인 내 나이
    해당화로 터지고
    -「내 사랑은 1」

  사랑은 타자에 의해 피어나지만 그 궁극엔 자신의 내면을 향해 있다. 육체는 늙고 병들어 세월 속에 소진해 가지만 애정만은 언제나 늙지 않는다. 그러므로 사랑은 타자를 향해 있는 듯하지만 결국 자신을 향해 있음을 우린 부인하지 못한다. "사람들 사이에 섬이 있다./그 섬에 가고 싶다"는 너무나 잘 알려진 정현종의 시「섬」을 떠 올리지 않더라도 우린 모두 섬처럼 외롭다. 잔잔해 보이는 섬이지만 가까이 가면 언제나 낮게 출렁이고, 자칫 노를 잃으면 불귀의 객이 되기도 한다. 나는 너에게 섬이고 너는 나에게 섬이다. 오늘 합일을 이룬다 해도 결국 사람은 다시 둘로 돌아간다. 그래서 우린 더욱 사랑을 갈구하는 것이다.

이 시에서 우리가 눈여겨봐야 할 부분은 '울음이 섞인 내 나이'라는 구절이다. 중년의 한 시인은 왜 해당화처럼 붉은 울음을 우는가. 이 시에서 내게 붉은 울음을 준 대상은 구체적으로 드러나지 않는다. 「내 사랑은 2」에서도 "사랑은/거센 눈보라/휘몰리는/빈 허공"이란 추상적인 대상으로 드러난다. 이루지 못할 어떤 여인에게 혹은 내 시의 독자에게 아니면 추구하고자 하는 이념 등등 대상은 무수히 많다. 각각의 시편들이 같은 듯 다른 목소리를 가지는 이유가 바로 그것이다.

행간에는
강물이
그리 많이
흘러갔고

강과 산
닿지 않게
저어온
한 척 배

내 사랑
띄어쓰지 못하고
빈칸만
끌고 왔네
-「내 사랑은 33」

이 시의 종장 "내 사랑/띄어쓰지 못하고/빈칸만/끌고 왔네"는 무엇을 은유하는가. 붙여 쓰기는 고사하고 띄어 쓰지도 못한 그 미완의 사랑, 아예 빈 칸으로 된 사랑은 무엇인가. 이 절망을 시인은 감정을 배제한 채 담담히 얘기한다. 채워 넣고 싶어도 채워 넣을 수 없는 그 원고지의 빈칸은 무엇을 의미하는가. 시를 강의하고 자연과 역사를 노래하였지만 백면서생으로서는 그 변화를 어찌할 수 없다. 시를 쓰되 시로 무기를 삼을 수 없는 현실은 막막하기만 하다. 사랑과 현실과의 괴리는 단절된 것인가.

그 단절의 대상은 무엇인가. 시집 『나의 살던 고향은』에선 구체적으로 선명하게 드러내던 것들을 이 시집에선 그 대상을 뚜렷이 명시하지 않는다. 그러면 왜 다소 공허하게 들릴 수도 있는 사랑의 사연을 50편으로 묶었는가. 어쩌면 이 시인은 내 사랑의 대상을 독자들의 것으로 치환시키기 위해 일부러 명시하지 않은 것은 아닌가. 시인의 말에서 밝힌 '사람들에게 못 부친 엽서 한 장 한 장'은 어떤 대상을 명시하지 않는 것이리라. 그렇다면 사랑의 더 큰 덕목은 세세한 세사의 것이 아닌 무욕 혹은 피안임을 의미하는 것은 아닐까. 그 심안으로 가고자 하는 바램을 어찌 구체적인 대상으로 명시할 수 있을 것인가.

시인은 끝내 그 질문엔 대답하지 않는다. "바람은/눈과 비를/데려올 수 있지만//산너머/그리움은/데려오지/못하네" 눈과 비는 보이는 대상이지만 그리움은 손에 잡히는 대상이 아니다. 깊고 먼 심연의 것이다. 이렇듯 어떤 화두를 던지듯 스스로 질문하고 스스로 대답을 찾아보란 뜻일 게다. 소통은 손가락으로 혹은 펜으로 이뤄지지 않는다. 마음이 닫혔음을 아는 순간, 자신의 내면을 열고 들어가 심안의 눈을 뜰 때 비로소 소통은 이뤄지는 것이다.

4. 천년의 그리움으로 부르는 이름, 시집 『어머니』를 읽고

2016년 시인의 마음은 다시 어머니를 향해 있다. 모든 생명엔 어머니가 있다. 이 시집은 정년을 앞두고 이순에 상재 되었다. 가족, 아니 어머니를 두고 수십 편의 시를 쓴다는 것은 어려운 일이다. 누구나 피붙이에 대한 시들 몇 편은 갖고 있다. 그러나 이렇게 한 시집을 고스란히 어머니를 대상으로 하기란 쉽지 않다. 아니, 쉽지 않아서가 아니라 위험해 보이기 때문에 꺼려하는 것인지도 모른다.

어머니라는 대상은 너무 오래 정형화된 상징이기 때문이다. 시인은 어떤 경우에도 오랜 상징을 극복하고 새롭게 인식하여 표현해 내야 하는 소명이 있다. 자칫하면 현상에 그칠 우려가 있고, 남이 쓴 명작 아래서 고통을 맛보다가 필을 꺾기도 한다. 일본의 인기 하이쿠 작가였던 바쇼는 안락한 삶을 포기하고, 순수예술의 외로운 길을 걸었다. 그만큼 창작은 취미가 아닌 험난한 길인 것이다.

강이
서러워서
흐르는 게 아니다

산이
그리워서
서 있는 게 아니다

그 봄비
아득한 길을
뻐꾸기가
울어 그런 것이다
-「어머니 2」

「어머니」 연작 또한 「내 사랑은」처럼 따로 따로 쓰였지만 종국에는 한 편의 시로 읽힌다. 이 시에서 어머니는 낳고 키워준 혈육 간의 어머니이기 이전에 생명의 대지이며 온 우주처럼 다가온다. 슬픈 날엔 강에 묻고 그리운 날엔 산에 기댄다. 봄비 아득한 길, 뻐꾸기 울음 따라 걷는 그 길은 하염없다. 어머니의 존재가 그렇고 대 자연의 근원이 그렇다.

젊었을 땐 먼 곳에서 새울음 소리 들렸는데
지금은 가까이에서 목어 소리 들려온다

몰랐네
산 너머 하현달이
일생
숨어있는 줄
-「어머니 23」

이 작품은 감태준의 「사모곡思母曲」을 연상케 한다. "어머니는 죽어서 달이 되었다./바람에게도 가지 않고/길 밖에도 가지 않고,/어머니는 달이 되어/나와 함께 긴 밤을 같이 걸었다."

이 시에서도 어머니는 일생 숨어서 자식의 뒤를 비추는 하현달로 그려진다. 50수의 어머니를 노래했지만 기실 어머니라는 시어는 제목을 제외하고는 한 곳도 보이지 않는다. 어머니에 대한 헌사는 자연의 다른 모습으로 끊임없이 펼쳐진다. 새울음 소리는 젊었을 때의 모습이고, 목어 소리는 현재 바라보는 어머니의 모습이다. 새울음은 요란하고 직접적인 느낌으로 다가오지만 목어소리는 안으로 정제된 다소 무거운 음색으로 들려온다. 서녘하늘에 뜬 같은 별이라도 젊은 날에 본 별빛과 나이 차서 보는 별빛은 다르지 않겠는가.

이 시편들은 선명한 이미지와 이미지들로 직조되어 있다. 한수 한수가 비애의 아름다움을 간직한 단수서정의 표본처럼 다가온다. 우리는 민감한 주제를 앞세워 쓴 생경한 시조들을 많이 만난다. 삭이고 다독이는 과정은 힘든 일이지만 절차탁마가 결여된 작품은 시조의 격을 떨어뜨리고 만다. 신웅순 시인의 이 시편들은 그런 의미에서 경종을 울려준다. 어머니는 봄비로 왔다가 기러기 울음처럼 떠나고, 마침내는 그믐달처럼 처연히 뜨고 진다. 그러므로 시인에게 어머니는 대지이며 온 우주가 된다.

5. 시조창보時調唱譜처럼 가슴 저며 오는 노래들

시조창인의 입장에서 보면 신웅순의 시조는 구성진 하나의 시조창보가 아니겠는가? 단아한 서정성이 그렇고, 정형의 미학이 그러하다. 갇혀 있다기보다는 깊고 그윽한 언어로 열려 있다. 겉으론 축약하고 축약하지만 내면엔 바람이 불고 강이 흐른다. 끊어질 듯 이어지는 음률은 그리운 이를 생각게 한다. 한산모시에 관한 추억이 없더라도, 하염없이 그립고 사랑한 이가 없더라도 노래는 밤새 초승달처럼 내 창에 부딪혀 심사를 달래줄 것이다.

문태길 시집 『청진기 앞에 서다』 서평
– 새 세기를 위한 전령사의 약속

1. 전령사

    도시를 가로질러 검은 강이 누워 있다
    그 강을 가로지르는 세기말의 다리가 놓여
    숨가빠 구급차 한 대 R-H혈액을 나르고 있다
    -「검은 강」

  시인 앞에 강이 누워있다. 청진기를 들이대지 않아도 이미 강은 거의 죽어있다. 분열과 혼돈의 쓰레기들로 가득 찬 강물은 더 이상 흐르지 않는다. 세기말의 다리 위로 구급차 한 대가 바쁘게 달려간다. 피가 돌지 않는 강에 수혈을 하기 위함이다. 그래도 강은 살아날지 아직 미지수다. 검은 강은 시인이 온 몸으로 밀고 가는 시대의 또 다른 표현이다. 병든 시대 앞에서 시인은 청진기를 든 모습으로 서 있다.

이 시는 우리 시대 당면한 생태환경의 한 단면을 그리고 있지만 종장의 앰블란스의 등장은 '세기말의 다리' 위에서 관찰자를 넘어 문명비판자를 자임하는 의지를 드러내 보이고자 한다. 모두가 2000년대를 향해 숨 가쁘게 뛰어가는 오늘, 왜 시인은 그들과 보조를 맞추지 않고 멀리서 시대를 진단하며 손나발 불며 서 있는 것일까? 그것은 아픈 시대를 진단하고 치유하는 길이 바로 시인의 사명이며 시가 존재해야 하는 당위이기 때문이다.

문태길 시인에게 있어 시대인식은 다소 비극적이다. 이 시집 초반부를 구성하는 시들은 비애의 정조라기보다는 비극적 세계인식 즉 그가 맞딱뜨린 오늘에 대한 회한과 절망의 표현들이 주를 이룬다. 숨 쉬는 도회의 공기는 흉흉하고 구제금융의 터널에서 경제적 식민을 예감해야 한다. 또한 교권의 추락과 상실은 더 큰 아픔으로 다가온다. 그는 교사다. 천직으로 알고 외길을 걸어 온 교사가 바라본 오늘은 참담하다. 면류관을 쓰고 수많은 제자들의 갈채 속에서 명예롭게 지켜온 교단을 떠나는 스승의 모습을 꿈꾸기도 했으리라. 하지만 교권은 무너지고 사제 사인엔 불신이란 장벽이 가로 막는다. 특히, 그 여정의 동반을 함께 한 시인이란 숙명은 그를 더 갈등하게 하고, 회한의 젖게 한다.

> 과외로 밀린 하루 보람 없이 저문다
> 가르쳐 만족하는 아이들이 되기보다
> 스스로 채울 줄 아는 가슴 되게 하소서
> -「교사의 기도」 부분

이 시집 1부를 구성하는 그의 교육시들은 커다란 집의 골조를 받치는 개괄적 구조물로 이루어 진다. 어쩌면 교육 그 자체보다는 세태 쪽에 더 많은 관심을 보이고 있지 않느냐 하는 생각이 든다. 도종환, 김용택, 배창환 등으로 대표되는 일군의 교육시들은 교육자로서의 이념, 즉 교육철학이 제도적 권위와 마찰하며 부딪히는 갈등들을 노래함으로써 독자들을 교육현장에 함께 서 있게 한다.

문태길 시인 역시 그런 관점에서 같이 고민하고 극복하고자 하는 교육자 상을 보여준다. 이와 함께 시인이 흠모하는 몇 분에 관한 시(「은석恩石」, 교단의 선구先驅, 덕산德山 선생) 등을 제시함으로써 오늘은 사는 우리들을 돌아보게 한다. 하지만 자칫 이 시들이 직접적 헌사나 미사여구에 그친다면 그가 목적한 진정한 교육적 환경을 이루는 데는 역으로 작용할 위험도 있다. 다행이도 그 경계 위에서 한쪽으로 치우치지 않으려는 노력의 일단을 읽을 수 있다. 오늘의 세태를 시 속에 반영하고 좀 더 나은 내일을 위한 기도를 게을리 하지 않겠다는 의지를 천명한다.

시인은 스스로에게 다짐하듯 이 길이 「먼 길」이라 말한다. "엇나간 화살들은/내가 쏜 살이기에/새 방향"을 찾아야 한다는 것이다. 이 직접적 토로는 먼 길을 걸어 온 자의 애정과 안타까움 때문이다. 한 세기를 마감하고 다시 새로운 밀레니엄을 맞이하는 이 시기에 시집을 내는 이유이기도 하다. 자욱한 어둠 속에서 희망의 출구를 찾고 싶은 시인은 청진기를 대고 서 있다. 그가 가진 무기는 이것밖에 없다. 상처부위를 진단하고 회생의 처방을 내려야 한다. 이 글은 바로 비록 멀지만 그가 선택한 전령사로서의 사명에 충실하기 위함이 아니겠는가.

2. 고도孤島에서 출구를 찾다

시인은 고도의 창을 통해 세상을 본다. "저 멀리 높은 파도/목까지 잠겨 와도"(「고도」) 의지는 꺾이지 않겠다고 스스로에게 말한다. 그가 앉은 섬이 어느 곳인지는 분명치 않지만 제주 어느 한적한 섬이 아닐까 싶다. 우리는 모두 섬에 묶여있다. 비단 육지에 있다고 섬이 아닐 수 있다고 말할 순 없다. 그러므로 시인의 섬은 곧 우리 모두의 객관화된 섬, 절해고도이기도 하다. 언제 파도가 우리들 목 높이에서 넘실될지 모른다. 또한 시인은 "나도 저 고도처럼/고집 하나를 갖고 싶어//관탈섬 섬 끝에 앉아/방학한 철을 견디고 싶다"(「관탈섬을 바라보며」)라고 노래한다. 고독은 자신을 단련하는 힘을 길러준다 그래서 시인은 고도에서 한 철을 보내고 싶어 한다. 어쩌면 스스로 고독을 묵묵히 감내하는 고도가 되기를 열망하고 있는지도 모른다.

서서히 내 노래도
소리 없는 강처럼

가다가 뒤척이며
아픈 소리 낼지라도

마지막 하구쯤 해서
역류의 소리로 울어야지
- 「강물소리」 중에서

마지막 하구는 육지 속의 섬처럼 갇혀있다 강물이 몸을 뒤채이며 흘러가지 못하면 세상은 몸살을 앓는다. 이때 시인은 제 목소리를 내고 싶다. 강물이 더 이상 제 힘으로 흘러가지 못할 때 시인은 역류의 소리로 울고 싶은 것이다. 강의 역류는 세월을 거꾸로 흐르게 한다. 죽은 가지를 살려내고 잎새들을 불러내어 나무에 푸른 기운을 돋운다. 죽음의 숲은 어느새 초록의 숲으로 바뀌어 떠나버린 새들을 불러온다. 시인은 그런 희망을 간절히 노래한다. 이때 마지막 하구는 고도처럼 고독하지 않고 꽹과리, 징소리. 나팔소리, 흐드러진 생명의 하구로 거듭 나는 것이다.

> 새 하늘 그리는 맘으로 돌아서야만 했던 고갯길
> 가장 아름다운 것은 멸할 수 있는 숙명이다
> 더 짙은 그리움 속으로 내어딛는 발걸음
> 가슴을 좁힐수록 넓어만 가는 노을 빛
> 실상의 그날 향해 부서지는 내 노래
> 지나친 몸부림으로 수평선은 금이 간다
> -「도중하차」

그래서 시인은 금간 수평선을 향해 연민의 시를 쓴다. 앞에 인용한 시들이 다소 계몽적이고 목적성이 강한 흐름을 보여주었다면 이 시는 짙은 서정성을 담보로 하여 쓴 가작이다. 첫수 초장부터 마지막까지 안정적인 보법과 정제된 율격을 유지한다. 시어들 역시 놀빛에 씻은 듯 정갈하다. 너무 아름다운 것은 쉬이 소멸한다. 유년의 아름다웠던 풍경들이나 인정들은 문명이란 바퀴 아래서 사라진다. 다만 기억 속에서만 존재한다. 소멸한 것들은 이제 예술적 행위로만 재연해낼 수 있다. 그때 시인이 본 놀빛은 추억 속에서만 존재하는 허구. 매우 이상적으로 미화된 어떤 것인지도 모른다. 그래서 그 놀빛은 가슴을 좁힐수록 더 선명히 드러난다. 하지만 오늘 저 바다의 뒤채임은 예전의 그 놀빛을 아로새기지 못한다. 그래서 수평선은 금 가고 급기야 시인의 가슴도 멍든다. 유년의 고갯길에서 바라 본 바다의 놀빛과 금간 수평선의 경계엔 세월과 문명의 때는 얄궂고 아리다.

  시인은 아직 그 경계를 허물지는 못한 듯하다. 늘 안타까이 바라보면서 스스로를 감내하는 숙명의 자세를 지닌다. 이 점은 이 시인의 특질이다. 하지만 이제는 '바라봄'의 시선에서 그치지 않고 목적하는 바를 이루기 위해 적극성을 갖고 싶어 한다. 그가 공들여 그려내는 3장 6구의 시조들도 다소 갇혀 있다는 느낌을 떨쳐버릴 수 없다. 이 갇혀있음이 그를 고도로 내 몰기도 하고 아득한 유년으로 데려가기도 한다. 시인은 아직도 출구를 찾아 여행중이다. 이 시집을 읽는 독자들 또한 그의 출구 찾기 여행에 동승한 셈이다.

3. 황무지의 시학

  ① 떨어져 제 뿌릴 덮는 낙엽들은 아름답다
    제철에 물이 드는 잎새들은 아름답다.
    돌아와 눈물로 말하는 사람들은 아름답다.
    -「낙엽·2」

② 책상을 받고 앉으면
　그게 바로 내 황무지

　무딘 보습날을
　밤마다 갈아보지만

　오늘도 잡념의 풀이
　원고지를 덮는다.

　어쩔 거냐 이 산간 저 산
　한 평생을 갈아온 산

　훔쳐도 돋보기 너머
　詩語들은 멀어지고

　피리새 야음을 더듬듯
　다시 밭을 갈아야지.
　-「나의 황무지」

　①은 생경한 관념들을 배제한 글이기에 친숙하게 읽힌다. '낙엽', '제 철에 물드는 잎새', '돌아와 눈물로 말하는 사람' 등은 순리이며 세상의 이치를 말한다. 물들 때 물들고 떨어져 거름이 되는 이법은 아름답지만, 세속적 삶을 사는 우리들에게 이 순응을 받아들이는 일은 그리 간단치 않다.

시인은 살아온 연륜만큼이나 생의 의미를 던져준다.
　②는 시인의 숙명 앞에 번뇌하는 자신을 고백한다. 문태길 시인은 현재 제주중앙여중 교장으로 재직 중이며. 한국문인협회 제주도 지회장을 맡고 있다. 이런 이력들은 그의 삶을 짐작케 해준다. 제주 교육계의 원로이면서. 도 문학단체의 수장으로서 이제 그의 삶은 완숙 단계에 와 있음을 의미한다. 또한 이 꼭짓점 위에서 걸어온 길들을 매듭짓고 정리해야 하는 시기이기도 하다. 그러나 이것들은 그를 둘러싼 외형에 불과하다. 그의 자아, 즉 본질은 아직 황무지에 버려져 있다고 자책한다.
　한 편의 시를 쓰기위해 책상 앞에 앉으면 어느새 원고지는 황무지로 변한다. 이 산 저 산 상념의 계곡을 헤매보지만 시어들은 뿔뿔이 흩어져 버린다. 그러나 아직 끝난 것은 아니다. 황무지는 개간해야 할 남은 밭일 수도 있다. 詩作을 향한 그의 절망은 거꾸로 희망을 향한 詩業으로 치환시킬 수도 있겠다. 다행스럽게도 '피리새 야음을 더듬듯/다시 밭을 갈아야지'하며 결연한 의지를 보여줌으로써 아직 늙지 않은 시인 정신을 드러낸다.

4. 제주 서정

　제주 시인들은 이름을 덮고 읽어도 제주의 시인임을 단박 알 수 있다. 제주사람 특유의 애향심이 고향 시편을 쓰게 한 원인이 되기도 하고, 이곳 시인만이 구사할 수 있는 토박이말과 지명 등이 그런 특징을 갖게 한 것이리라. 현대의 시인들은 대부분 도회적 삶 속에서 번민하는 인간의 모습을 시로 그려낸다. 이 문명의 그늘에서 가위 눌리는 시인들은 쉽사리 자연의 것들에 다가가지 못한다. 그만큼 소외와 고독이란 내적환경에서 자유롭지 못하다는 의미다. 도회의 시인들이 이 문명이란 공룡의 끈에 매여 살아가듯이 제주의 시인들은 제주라는 환경에 가위눌리는 것은 아닐까. 시인이 태어나고 자란 곳에 대해 노래하는 것은 당연하다. 하지만 그 시들이 지나치게 애향적이거나 애향적 수사에 그친다면 공감대는 현저히 줄어들고 만다. 문태길 시인 역시 제주와 관련한 시편들이 많다.

> 제주 휘파람새는
> 해녀 같은 소리로 운다
>
> 높은 가지에 앉았어도
> 숨비질로 우는 새여
>
> 호케고 호오오 이잇
> 탐라의 혼을 캐고 있다
> -「제주 휘파람새·2」

이 시는 가장 제주다운 특질을 보여주는 가작이다. 제주인이 아니면 쓸 수 없는 시다. 해녀의 물질 소리와 제주휘파람새 울음과의 일치는 예사로운 발견이 아니다. 새들도 지역에 따라 달리 운다고 한다. 제주 휘파람새 소리를 들으며 해녀들의 휘파람을 떠올리는 것은 제주 시인으로서는 당연한 것이다. 특히 종장의 첫 음보 '호케고 호오오 이잇'이란 의성어는 박두진을 연상케 할 만큼 뛰어난 시어의 조합이다.

1.
가득히 채워질 먼 훗날을 가득 그리며
소마으이 물결들이 반달처럼 흐르고
고내봉高內峯 내려앉은 뜻 따라
속으로만 솟는다.

2.
애월읍 사람들은 오름 하나씩 품고 산다.
서늘한 눈시울에도 동산처럼 달이 뜨고
고내봉高內峯 내려온 뜻 따라
속으로만 솟는 오름.
- 「애월涯月」

  오름이란 곳은 육지의 사람들에겐 하나의 경이다. 임신한 여인의 배처럼 부드러운 능선과 능선으로 이어진 오름이란 유산은 제주의 자랑이다. 이 오름은 웅장한 산맥을 거느리거나 높은 해발로 구름을 다스리듯 위용을 자랑하지 않는다. 잉태의 상징 같은 제주 모성의 형상은 시인에게 또 다른 영감을 주기에 충분하다. 애월읍 사람들은 이 오름을 하나씩 품고 산다고 시인은 말한다. 외적으로 소리치지 않고 가슴을 다독이며 큰 오름을 안아가지는 제주들의 본성을 시인은 이렇게 노래한다.

5. 다시 신생을 위하여

① 돌같은 사내가 돌 앞에 앉아 있다.
　등 굽은 돌이 하나 사내 쪽을 보고 있다.
　보다가 등걸을 쓸며 나이를 묻고 있다.
　-「수석壽石·2」

② 비오는 날 나의 우산은 한쪽 어깨를 가리지 못해
　휘청휘청 휘어진 길에 구두 한쪽을 잃어버리고
　돌아와 젖은 양말로 젖은 발을 닦는 사내.
　-「방황·4」

③ 황무지 억새꽃을 그냥 두고 바라볼 일
　저 바다 푸른 수심도 그냥 두고 바라볼 일
　이 가을 물드는 사람도 그냥 두고 바라볼 일
　-「그냥 두고 바라볼 일」

위 세 편의 시는 매우 유사하다. 단수로써 세상을 관조한다. 시조의 고질적 병폐인 음풍농월은 아니다. 단조롭지만 아름다운 시들이다. ①은 수석을 통해 자신을 반추한다. 문득 인생의 황혼기를 건너다 돌의 "등걸을 쓸며" 동병상련의 심정을 함께 한다. ②는 더욱 직접적이다. 시인은 비오는 날 "구두 한 쪽을 잃어버리고" "젖은 양말로 젖은 발을 닦"고 있는 허랑한 사내를 보고 있다. 그 사내가 자신이 아니기를 바라지만 이미 닮아 있는 그를 어찌 외면할 수 있으랴. 시인은 이 두 편으로 이미 지난 한 시대와 치열하게 대결할 나이가 아니라 2선으로 조용히 물러날 때임을 아는, 순응의 이치를 깨우친 모습으로 다가온다. 그런 자세는 ③에서 더욱 극명히 드러난다. 억새꽃 진다고 어쩔 것인가. 파도에 부딪혀 더욱 푸르러지는 바다를 또 어쩔 것인가. 가을빛으로 물들어 떠나는 이를 붙잡는다고 될 일이던가. 관조의 미덕은 자연스러운 것이다. 이 시집에서 보여주는 여유와 여백의 생, 역류보다는 순응의 이치가 더욱 아름다움을 증명하는 것이다.

시인 문태길에게 있어 시조는 하나의 운명이다. 어느 날 삶 앞에 시조가 놓여 있었다. 그는 늘 입던 옷처럼 시조라는 것을 받아들였는지도 모른다. 유행에 민감하지 않고 남루해 보일지라도 갈등 없이 나의 옷으로 입은 것이다. 그래서 갈등 없이 읽힌다. 바로 그 점이 문제다. 시는 언제나 갈등하는 자의 것이기 때문이다. 시조로서의 특질, 즉 그는 지치게 정형주의자. 이런 정형주의는 자칫 형식보다 먼저 사상의 정형을 고수하기 쉽다.

그에게 있어 일탈은 큰 의미를 갖지 못한다. 그러나 늘 시를 읽는 시인과 독자들은 일탈과 변별성 쪽에 더 눈길을 준다. 일탈은 구심력에 의해 균형을 유지한다. 끝없이 가고 싶은, 가서 깨어져 버리고 싶은 욕망을 구심력으로 제어한다. 그래서 악마적이고 저주의 시들도 끝내는 시로서 존재할 수 있는 것이다. 사변적 형태시들 역시 산문이 아니라 산문시로서의 존재를 인정하는 이유이기도 하다.

문태길 시인이 시대를 바라보는 시각은 다분히 교훈적이고 관조적이다. 이는 다시 말하면 약간의 도덕적 정체성도 함께 가진다는 것이다. 100편이 넘는 시집 전체를 흐르는 향기는 은근하다. 시인은 처음부터 시대의 모습을 직관하는 전령사이기를, 또한 환부에 청진기를 들이대는 의사이기를 자임했으므로 꿋꿋이 주어진 생을 걸어갔으면 한다. 지나치게 정형의 울타리 속에 갇히지 말고 조금은 자유롭게 시조의 집을 허물고 짓는 시인으로 살아가기를 바란다. 미래의 염원을 노래한 시「21세기를 달린다」가 시인 자신에 대한 약속이기를 기대하면서.

강호인 시조세계

– 한 줄 잠언처럼 부르는 지상의 노래

1. 순수, 그 시원始原을 따라

　범종소리 이운 뒤의 적막을 느껴본 적이 있는가. 얼마 전 두류산인頭流山人 강호인 시인이 다녀간 후, 적막 뒤의 서늘한 여백이 한동안 자리했다. 이 글에서 그를 두류산인이라 칭한 것은 결코 과장이 아니다. 시인의 고향은 경남 산청군 시천면 사리, 덕산(시천면과 삼장면을 통칭할 때도 덕산이라고도 함)이다. 매일 지리산 천왕봉을 보고 자랐으며 또한 남명南冥 조식曺植 선생께서 만년에 후학을 가르치며 기거하신 산천재山天齋가 자리 잡은 곳이기에 선생의 높은 기품과 결기를 마음에 두고 자랄 수 있었다. 뿐만 아니라 2012년 어느 날 문득 뜻한 바 있어 한국에서 가장 높은 곳(해발1,450m)에 위치한 지리산 법계사 요사채에서 3년 간 머물며(더 정확히는 그 3년간 속가에서 법계사로 들고 나며 천왕봉을 200여 회 이상 올라 명상의 시간을 갖고 지리산과 호흡을 함께 함) 진인眞人의 삶을 몸소 체험한 특이한 이력을 갖고 있기도 하다.

　오랜 삶의 현장을 떠나 지리산에서 살아있는 구름과 안개, 바람을 바라보았고, 그런 한편 자신을 관조할 시간을 보냈다고 한다. 시와 몸이 똑같다. 군더더기 없이 본질과 바로 만나는 일이 그리 쉬울까. 이런 기대는 시인이라면 누구에게서나 마땅히 가져야할 부분이지만 현대에 와선 청량한 서정의 결을 가진 시인을 만나기도 쉽지 않을 뿐 아니라 그런 기품의 시를 대하기도 어려운 일이 되었기 때문이다.

　　내가 별에게로 마음의 문을 열었을 때
　　나무는 미풍에다 어린잎을 새로 널고
　　강은 또 족쇄를 풀어
　　산자락을 돌아갔다.

　　별 하나가 나에게로 하얀 눈을 주었을 때
　　한 마리 산짐승의 욕망같이 슬픔같이
　　그렇게 가열猛烈한 것들로
　　저 일월이 놓였던 것.

　　폭풍 같은 혁명과 전쟁을 그 별이 본다
　　속으로 우는 삶과 쓰러진 역사도 본다
　　마침표 찍지 못한 사랑
　　반짝이는 문법대로.

한 줄의 잠언처럼 나는 지금 푸르게 산다
영마루 높았지만 가끔은 새를 날렸고
하늘의 말씀에 귀 열어
그 행간을 메우면서.

숨결 푸른 난바다에 징소리로 뛰고 싶은
바람은 맑은 혼을 꽃대 끝에 세우나니
별이여, 먼 그대를 위해
이 지상의 노래가 있네.
- 「별을 위한 노래·1」

이번 특집의 대표작에서 먼저 이 작품을 통해 어렴풋이나마 강호인 심상의 변화를 읽게 된다. 지리산 자락에서 덕천강 물을 마시며 자랐지만 자연은 자신과는 무관한 존재로 자리잡고 있었다. 그러나 문득, 소소한 일상에서 우연히 만난 사물과 인연들이 물리적 거리를 좁히며 새로운 의미, 즉 타자에서 내면의 자아로, 다분히 화학적 존재로 다가오는 경험에 이를 때가 있다. 이순을 지나며 비로소 자연과도 귀를 열어 소통할 수 있는 여유를 갖게 된 것이다.

"내가 별에게로 마음의 문을 열었을 때"는 내가 만난 수많은 것들이 전혀 다른 울림으로 다가온다. 별을 그저 별로 바라보는 단계를 지나 마음의 문을 열고 바라보았을 때, 비로소 "나무는 미풍에다 어린잎을 새로 널고/강은 또 족쇄를 풀어/산자락을 돌아"갔음을 알게 되는 것이다. 여기서 우리는 '족쇄'라는 시어에 주목할 필요가 있다. 족쇄는 자연의 것이 아니라 내가 만든 자물쇠다. 흐르는 강은 자연의 것이지만 내 마음 속을 흐르는 강은 결코 자유롭거나 유장하지 않았다. 그와 함께 어린잎마저 미풍에 새로 여는 존재로 치환되면서 시인이 만나는 대상은 애초에 가진 순수, 염원 너머의 대상 그 자체로 만나게 된다. "한 마리 산짐승의 욕망같이" 뜨겁고 치열하게 자신의 책무처럼 억누르던 시대의 마침표를 순리의 문법에 맡길 줄 아는 관조적 삶이야말로 얼마나 바람직한 변화인가. 그런 여정을 걸으면서 이제 "한 줄의 잠언처럼" 천천히 되새김하며 "이 지상의 노래"를 부르는 시인으로 걸어갈 것임을 다짐한 것이다.

2. 山天齋에 신끈 풀고

평소 지역에서 함께 시를 쓰는 인연이었기에 강호인 시인을 모르지 않았지만 그 이름에 방점을 찍고 다시금 만난 계기가 된 일이 있었다. 1989년 초겨울 즈음으로 기억하는데 심사와는 무관한 내가 왜 그곳에 있었는지는 잘 모르겠다. 〈제1회 남명문학상〉 심사장이었으며 상을 주관하고 있던 강희근 시인, 고인이 된 정규화 시인과 함께였던 것은 확실하다. 응모작 중에서 단연 눈길을 끈 작품집 한 권이 있었는데, 한지에 육필로 써서 끈으로 묶은 서책, 바로 강호인의 『山天齋에 신끈 풀고』를 만난 것이다.

위에서 밝힌 남명 선생의 혼이 서린 산천재가 자리잡은 동네에서 나고 자란 후학으로서 이 문학상에 도전하는 자세는 마땅히 이러해야 하지 않겠느냐는 다짐과 의욕을 보여주는 책이었다. 전제 6부로 구성된 63수의 시조를 묶은 것이다. 이 작품집은 〈제1회 남명문학상 신인상〉을 수상하게 되었고, 1990년 8월 '문예정신'사에서 같은 제호의 책으로 출간된다. 물론 이 시집엔 조식 선생이 지은 시편(두류산 양단수를)과 상소문 丹城疏, 民嵒賦, 戊辰 封事을 시조로 바꾸어 노래한 작품 등이 포함되어 있어 완벽한 창작집이라 보긴 어렵지만 출생에서부터 타계, 유덕의 자취에 까지 서사적 흐름을 쫓아 구성한 시조집이다.

> 예순 한 살 님의 만년
> 絲綸洞에 移居한다
>
> 兩端水에 어른이는
> 山天齋에 신끈 풀고
>
> 敬義의 밝은 광채로
> 후진 무명 깨쳤네
> -「산천재에 신끈 풀고」부분(5수 중 첫수)

이 작품은 4부에 수록된 시집 표제작의 일부이다. 생애를 기록한 시조들이다보니 대부분 단수보다는 연시조로 노래했다. 한 편 한 편 독립된 작품을 큰 틀에서 하나로 묶었는데 역사의 한 인물을 한권 시조집으로 조명한 것은 시조시단에서 좀처럼 찾아보기 힘든 결과물이 아닌가 생각된다. 한 생애를 엮은 시들은 다소 생경한 어조와 목적성이 드러나는 시어들로 구성되는 경우를 종종 보게 된다. 이 작품집에서도 그런 부분이 더러 눈에 띄기도 하지만 비교적 서정성을 잃지 않고 시조 본연의 목소리에 충실하겠다는 자세를 보여준다. 바로 그런 목소리로 쓰여진 시 한 부분을 인용한다.

밀알이 썩어야만
싹이 트고 꽃이 피고

메주를 담가야만
소금국도 장이 되며

샘솟아
고인 못물은
넘쳐나야 강이 되네.
-「강물 되려고」부분(2수 중 첫수)

선생께서 마흔 여덟 모친상을 벗고 김해시 대동면 산해정을 떠나 태생지이며 외가인 합천군 삼가면 외토리로 솔가하던 당시를 떠올리며 쓴 시다. 어버이 상을 당하고 나면 세상을 보는 눈이 달라지고 환골탈태의 심안을 얻게 된다. 그런 경지가 그냥 얻어지겠는가. 지극정성으로 삼년 시묘살이를 지내고, 들명날명 하는 바람과 공기에 묵히고 묵힌 소금국을 지나야 장이 되듯 못물도 넘쳐나야 비로소 강이 되는 이치를 노래한다. 초장과 중장은 거의 같은 등위의 은유로 구성하였고, 종장은 더 크고 장구한 대상을 끌어와 목적하는 얘기를 완결시킨다. 죽음을 건너서 더 깊은 사유를 얻는 큰 선비로의 성장사를 자연스레 시조가락 속에 녹여 넣었다.

이 시집은 초기 강호인의 시세계를 살펴볼 수 있는 중요한 시집이다.

3. 무위無爲, 따뜻한 등불의 시심

나목 빈 가지에
달이 와서 앉았다.

그 달빛 외로울까 봐
바람이 찾아왔다.

그 바람
심드렁 건드렁
내 심금의 현을 켰다.
－「무제」

시인 강호인은 그렇게 첫 시조집을 출간하면서 또 다른 길을 다져 나간다. 1991년 5월 펴낸 시조집 『따뜻한 등불하나』는 여러 문예지에 발표한 작품들과 신작들을 묶은 것이다. 이 시집은 90년대 초중반에 이르는 시인의 세계를 엿볼 수 있다. 『山天齋에 신끈 풀고』가 남명 조식의 생애를 통해 시조시인으로서의 의지와 자세를 가다듬는 결과물이었다면 『따뜻한 등불하나』는 한 사람의 시인으로서 문단에서 냉정히 평가받아야 할 본격적인 창작집이라 할 것이다.

인용한 시는 자칫 평범에 빠질 수 있는 소재를 종장에서 잘 갈무리한 수작이라 할 만하다. 초·중장은 눈길을 끄는 행이라 보기 어렵다. 그러나 시조의 완결성이 종장에 있다고 볼 때 시인은 종장에서 절묘한 언어의 조탁을 보여준다. "심드렁 건드렁"은 형용사의 한 형태인데 "심금의 현"과 맞물리면서 의성어와 의태어와 같은 느낌으로 변주되어 온다. 「虛」라는 작품도 눈길을 끈다. "층/층/무량의 탑/쌓고/쌓고/또 쌓는다//하룻밤 꿈속에도/구천까지 닿을 사모//三界天/넘나드는 구름이듯/님이 가신 빈 하늘에." 시어들을 탑 모양으로 구성하여 뜨겁고 허무한 사모의 정을 노래하고 있는데 재미와 반전을 노린 시인 특유의 장점이 돋보인다.

　　황막한 골짜구니 빈수레 몰아가다
　　별빛 저민 가락 풀어 영원을 비질하는
　　형해도 자취도 없이 뒤척이는 넋이다.

　　나울 미쁜 파도 위에 갈매기 나래 칠 때
　　펄럭이는 깃발 아래 목쉰 고동 부리면서
　　때로는 사공이 되어 망망대해 노를 젓고.

　　청산 오르다가 숨이 차 잠시 쉬면
　　이름 모를 풀꽃망울 살며시 귀를 열어
　　한 말씀 새겨들을 듯이 반기면서 모신다.

　　능금알 익어가는 과원 들러 정을 주어

갈햇살 볕여울로 속살 헹궈 꿈 쟁이고
단풍잎 품에 안기면 춤사위도 황홀해.

천심 지심 깨울 소명 신탁 받은 숙명이거나
행여의 고된 사역 못 떨칠 천형이든 간에
내민 손 아랑곳 않는 그 무위 거룩하네.
-「바람」

 인용한 작품은 〈제20회 성파시조문학상〉 수상작이다. 이 시집을 관통하는 관념의 집적체로서 핵심이 되는 작품이라 생각된다. 다섯 수로 구성되었으며 차용해 온 시어들도 묵직하고 둔탁하다. 구와 장을 거치면서 점층의 수를 만들고, 결국 맨 마지막 수에서 "그 무위 거룩하네."로 결구를 맺는다. 여기까지 오는 길이 구절양장이다.
 첫수는 바람의 시원을 노래한다. 그곳은 아름다운 숲이거나 비경의 골짜기가 아니다. 심상 속에 존재하는 그의 바람은 "형해도 자취도 없이 뒤척이는 넋"이며 둘째 수에서 보듯 그의 항해는 희망적이기 보다는 비극성을 드러낸다. 그러다가 셋째 넷째 수에서는 황홀한 춤사위로 변한 바람을 맞다가 마지막 수에 이르러 무위에 닿는다. 무위는 세속적 욕망과 허명을 벗어던진, 우리가 이상적으로 닿고자 한 그 궁극의 세계를 의미한다고 봤을 때 시인이 바라본 바람의 본질과 유사성을 가진다.
 서벌 시인은 시집 해설에서 이 작품을 놓고 "氣論的 美學의 話行"에다 눈길을 주어야 한다고 전제한 후에 주제어인 '바람'을 통해 "나래치는 상상력의 역동성은 어떤 추상적인 관념론에 떨어질 것 아님을 심도 있게 조응해 볼 수 있는 작품"이라고 역설한다. 서벌은 또한 「경매장에서」란 작품을 언급하면서 "강호인의 시정신은 양립성이 아니라 조응성이다." 라며 각박한 현실을 살면서 대립에서 화합으로 나아가는 과정을 보여주는 시집이라 결론짓고 있다.

 그럼에도 불구하고 이 시집에 실린 시들은 기존의 한국 시조를 뛰어넘는 성취를 보여주었다고 하기엔 약간의 아쉬움이 있다. 특유의 개성이며 감각의 한 촉수를 찔러오는 명징한 이미지 구축에 다소간 한계를 드러내었기 때문이다. 단수는 아끼고 아낀 언어의 축약 속에서도 범접 못할 적확한 이미지를 차용해 와야 하고, 연시조는 한 수 한 수 그럴만한 개연성으로 무장했을 때 완성도에 이른다. 가작은 이런 부분들을 성공리에 조탁했을 때 탄생된다. 다행한 것은 다양한 실험을 통해 이를 극복해 나갈 장치들을 군데군데 마련해 놓았다는 점이다.

4. 소리의 집, 그리운 집

  지평선 맞닿은 하늘 질펀한 노을이나
  술 취한 바람결이 훑고 가는 노란 은행잎
  언제나
  그런 서정만
  그대 몫이 되게 할까.

  형체 없는 그림자야 미리 쓸지 못하지만

노동의 신성함을 온몸으로 증명하는
그대의
빗자루 끝에다
놓고 싶은 이 시대…….

사랑의 보습 꽂고 꿈밭 가는 이웃 속엔
생선살에 뿌려지는 소금 같은 약속이 있듯
살뜰한
그대의 비질로
내 뜨락도 쓸어주게.
-「가을 청소부에게」

　1996년 '동학사'에서 펴낸 시조집 『그리운 집』에 오면 호흡은 한결 자유로워지고 내적 결은 부드럽고 섬세해 진다. 그가 만난 대상 역시 낮은 곳에서 힘겹게 삶을 영위하는 존재들이며 서정은 이들에 대한 따뜻한 관심으로 표현된다. 이 시집이 갖는 최고의 덕목은 진정성이다. 진정성의 그물을 통과하지 못하면 감동은 줄어든다.
　인용한 작품은 감정을 과잉되게 소비하지 않아 좋다. 이런 작품일수록 시인이 먼저 달려가 영탄에 젖는 경우를 본다. 그러나 시인은 낙엽을 쓰는 이에게 적당한 거리를 두고 바라보면서 담담히 혼잣말을 한다. 세상을 비질하는 당신에게 시인은 무엇을 선물할까. 첫수 종장에선 결을 다듬은 서정밖에는 줄 게 없다고 말한다. 하긴 시인이 주는 선물로 이보다 더한 것이 있으랴. 온갖 혼탁한 것들은 그 비질에 쓸려간다. 그 신성한 노동의 빗자루 끝에 우리 각박한 시대의 고통마저 쓸어버릴 수 있다면. 그 살뜰한 노동을 혼자만의 것이 아닌, 시인의 뜨락에도 따뜻이 공유한다면, 비질은 노동을 넘어 구원의 행위로 승화될 것이다. 이 시에선 생경함도 비약도 없다. 그저 결을 다스려 행간에 따뜻한 숨결을 불어넣는다. 독자들은 한결 편안한 쉼터를 얻은 것이다.

난 이제
한 개의 종
돌종石鐘 쯤 되어
울고 싶다

세상 허허롭기가 하늘보다 깊은 날도/사람 무심하여 눈물 절로 어리는 날도/새벽녘 까치처럼 가야 할 은혜로운 땅에서/삼생을 삼천 번쯤 윤회로 돈다 해도/목숨 삼긴 날이면 살아서 푸른 세월/혼신의 열정을 다해 스스로를 조탁彫琢하는/전설 속 석수장이 명품 빚는 석수장이/그 아린 정과 끌에 살과 뼈를 깎아낸 뒤/장엄히 또한 은은히 빛살 같은 울음 우는

나는야
그 떨리는 여운
천 년 만 년
끌고 싶다.
-「종·1」

이 시집에는 「종」 연작 5편이 실려 있다. 종은 어떤 존재인가. 일상에서의 종은 때를 알리기 위해, 혹은 누군가를 모이게 하기 위한 것이다. 종교적 의미로 나아가면 진리 혹은 우주만물을 깨우는 소리의 집으로 인식된다. 시인에게서 종소리는 내 마음을 전하는 소리다. 이 시집의 핵심과 이 종 연작은 무관치 않아 보인다. 허허롭고 자유로운 마음은 그 호흡을 늘이고 줄이는 동안 드러난다. 짧게 울고 싶은 날은 짧게, 길게 울고 싶은 날은 길게 울 수도 있는 것이다. 이 두 시조는 극명히 대조 되지만 나름의 완결성을 갖고 있다. 사설시조는 길게 울고 싶은 날 쓴 것이고, 단시조는 짧은 한 소리로 울고 싶은 날 쓴 것이다. 인용해 보면 이렇다.

난 때로
한 개의 종
時鐘처럼
울고 싶다

저 산하 어디선가 싹 틔우고 꽃대 뽑고
아무도 몰래 수시수시 꽃들이 피는 순간

새로이 내뿜는 숨결 소리
그런 소릴 내고 싶다.
 -「종·2」

기법 면에서도 "수시수시 꽃들이 피는 순간"을 주목해 봐야 한다. '수시'

는 '수시로'에서 온 말이지만 '수시수시'라고 붙여 쓰니 흡사 꽃이 여기저기서 피어나는 소리(의성어)의 효과도 동시에 나타낸다. 위에서 거론한 "심드렁 건드렁"이 주는 재미를 이 작품에서도 적용한 것을 보면 이 기법은 강호인의 독특한 장기가 아닌가 여겨진다.

  이렇게 세 권의 시집을 펴내는 동안 시인은 내외적 변화를 거듭한다. 첫 시집은 남명의 고결한 숨결을 잇고자 하는 마음을 담았고, 두 번째 시집은 생의 지표로서 자신에게 엄숙히 자문해 갈 행로를 다짐하고 또 다짐했다. 그러나 한편으로는 이런 결연한 다짐이 시에서는 지나친 구속으로 작용하지 않을까 하는 우려가 있었다. 그러나 세 번째 시집에서는 이런 세간의 우려를 깨끗이 불식시켜 버린다. 보법은 안정되면서도 호흡은 자유롭다. 그 자유자재함 속에서 때론 밀고, 때론 당기면서 먼 길을 가는 詩나그네의 여유를 얻은 것으로 보인다.

5. 욕심은 버리고 신명은 키워간다

    하늘문이 열리고 그 아래 펼쳐진 땅
    그 하늘 그 땅 사이 한 목숨 타고나서
    이저리 엇갈리는 길
    그 한 길을 가는 사람

    하늘 향한 땅의 기운 온몸으로 추스르며
    때때로 고개 들어 삼삼한 하늘 보는

사람아,
'나'라는 사람아,
그대를 찾아가네

해와 달의 응원으로 열매 맺는 나무같이
희망이 길을 트고 꿈은 쌓여 탑이 되고
홀연히 부는 바람결
구름이듯 스러질까

생명 받아 왔다가 주검 되어 돌아가는
자연의 섭리 따라 고종명의 순간까지
영혼의 도랑태 굴리며
신명으로 살리라
- 「도랑태 굴리며」

이제 칠순에 이른 강호인 시인의 모습은 어떠할까. 산청 지역에서는 굴 렁쇠를 도랑태라고 불렀던가. 도랑태 굴리기는 어린이들이 즐겨한 놀이 다. 동심을 가졌다는 것은 세상을 다 가진 것과 같다. "사람아,/'나'라는 사 람아,/그대를 찾아가네"에서 보듯 이 작품은 현재의 나, 혹은 지금껏 살아 온 나, 그리고 앞으로 그려갈 미래의 나를 찾아가는 시로 보인다. 동원된 시어들 중 "해와 달", "열매 맺는 나무", "꿈"의 결실인 "탑" 등이 지금까지 의 자신이었다면 "홀연히 부는 바람결"에 "스러"지는 "구름"은 미래의 자 신일 것이다. 비록 홀연히 바람에 스러질 구름 같은 존재라지만 결코 절망적이거나 비극적으로 읽히지 않는다. "자연의 섭리 따라 고종명의 순간까지" "영혼의 도랑태 굴리며/신명으로"살겠다는 다짐은 매우 유효하다. 생의 마침표를 찍기 전까지는 "신명"이 있어야 한다. 흥을 잃으면 다 잃는 것이다. 욕심은 버리고 흥은 키워가는 시심이 흐뭇하다.

'익숙한 것들과의 작별이 필요할 때/영혼에 더께 앉은 군더더기 떼내야 할 때/지리산 새벽 탐방로 홀로 나를 견인한다' 「천왕봉 일출」 부분(5수 중 첫수)

가을산 오를 때는 세상일 잊고 가자
구르는 가랑잎들 소슬소슬 수런대면
쓸쓸한 눈빛일망정
다독다독 덮어주자

초록의지 키운 열정 안으로 갈무려서
순은純銀빛 소망만을 그대에게 전하고자
갈대꽃 몸 푸는 산이어든
마음마저 풀어놓자

오롯이 사랑만 품은 지순한 속가슴엔
감나무 까치밥 같은 사유의 등을 켜고
철새들 안부 물으면
깃발처럼 손 흔들자

순명順命을 일러주는 단풍 물든 숲도 지나
　　청솔향 온몸에 밴 목이 긴 사슴이 되어
　　푸르른 하늘 우러르며
　　가을산을 올라보자
　　-「가을산을 오르며」

　삼대가 덕을 쌓아야 본다는 "천왕봉 일출"에 4회 도전하고 모두 그 장엄과 만날 수 있었다는 두류산인 강호인에게 가을산은 늘 오르던 예사 산은 아닐 것이다. 작은 동산을 올라도 지리산 오르던 때가 떠오를 것이고, 단풍을 봐도 피아골 단풍이 생각날 것이다. 누가 자신을 옭아맨다 해도 "마음마저 풀어놓"을 줄 아는 여유를 얻었다. 그가 켠 "사유의 등"은 생각의 그늘마저 지워버리는 온기를 가진 등이길 기원한다.
　어느 날 홀연히 지리산을 올라 법계사 작은 요사채에 들명날명 기거하다 다시 속세로 내려온 지 벌써 여러 해가 지났다. 하지만 세사를 살면서 어찌 번뇌를 완전히 벗어버릴 수 있으랴. 그 또한 욕심임을 그는 안다. 그리고 2014년 6월 10일 법계사 범종 타종식을 보고 산을 내려왔다.

　　소리는 길이 되고 말씀은 등불 되리
　　민족 영산 찾는 님들 청정도량 깃을 접고
　　한 송이 연꽃을 피워
　　가슴 속에 모셔 가리.
　　-「법계사 범종, ①그대 울음 대신 울어」부분(4수 중 끝수)

범종소리는 그 유월의 하늘을 날아 마을 곳곳에 울려 퍼졌다. 종소리는 만져지지도 보이지도 않는다. 하지만 늘 존재한다. 그 소리가 닿은 곳에 우리들의 집이 있다. 진정 노년기의 아름다움은 버림의 미학을 실천하는 것이다. 그것이 바로 초연함이다. 적적성성寂寂惺惺은 몰라도 무욕염담無慾恬淡이면 어떤가. 중생도 범종소리 들으며 "연꽃 한 송이 피워 가슴 속에 모시"는 것처럼 무릇 시인은 그 노년기에 자중자애自重自愛 시의 꽃을 피우고 그 향기에 젖는 일이 일상이면 좋지 않으랴. 시인은 결코 사라지는 존재가 아니다. 작품이 남아 있고, 그 감동이 후대에 전해질 것이기 때문이다. 어디까지나 얼마나 좋은 작품을 남기느냐가 관건이다. 그러기 위해서는 그가 서원하듯 남은 생이 "지리산의 별"이 되는 그때까지 신명으로 살고, 신명으로 열어가는 시인의 생이길 간절히 바래본다. 그가 기원한 "한 줄 잠언처럼 불러볼 지상의 노래"는 아직 끝나지 않았다.

-《화중련》2019년 상반기호

시간의 나침반을 읽다

— 강현덕 시조에 대하여

참 오래되었다. 강현덕의 시를 처음 본 것은 80년대가 막 시작되던 어느 날이었다. 마산 가배다방에서 친구를 기다리고 있었는데 누군가 한 권의 사화집을 들고 왔다. 제목과 구절은 기억나지 않지만 이미지는 지금도 선명하다. 그때도 나름 언어의 결이 고왔던 것으로 기억된다. 충분히 여백을 주어 서정을 갈무리하는 솜씨도 예사롭지 않았다. 갓 볶아낸 커피향을 닮았다고 생각했다. 만져지지는 않지만 어느새 옷깃에 묻어나는 향내. 물론 그곳의 냄새에 익숙해진 내 후각 탓이기도 하겠지만.

그렇게 우리들의 인연은 시작되었다. 이월춘, 정일근, 성창경, 성선경, 원은희, 배한봉, 김우태 등등. 우린 서로의 애창곡은 무엇이며, 들추고 싶지 않는 치부는 무엇인지, 잠재된 욕망과 능력은 어느 정도인지, 골똘한 눈빛은 무엇을 향해있는지 웬만큼은 아는 문우들이 되었다. 지역의 작은 도시에서 삼십 년 가까이 살면서 많은 우여곡절을 나눠가졌다. 하지만 그렇게 안다는 것은 또 하나의 걸림돌이다. 섣부른 선입관으로 인해 객관성을 잃어버릴 위험도 있다. 95년 데뷔한 이후 강현덕의 많은 작품들을 읽었지만 막상 이 글을 쓰려니까 막막해진다. 약속을 훨씬 넘겨 자판을 두드리는 이유도 바로 그런 곤혹함 때문이다. 이럴 때는 곧바로 시 속으로 들어가는 게 제일이다.

한 점
수묵화처럼
낙동강에 밤이 왔다
늘어진
강줄기로
달빛은 풀려있고
이제는
낡은 나룻배
흔들리지 않는다

한 그루
오동나무로
이 강을 건너와서
하늘을
강물을
풀잎을 잠재우고
저 혼자

바람도 없이
울고있는 악사여

소리
소리가 깨어
나를 일으킨다
목타는
12현금
어둠에 잘리고
가락국
그 먼 나라가
내게로 오고 있다
- 「낙동강 - 우륵에게」 전문

이 시는 95년 신춘문예 당선작이다. 형식에 얽매인 시조를 읽던 독자들은 의아했을 것이다. 정형의 자유자재함은 시조단의 해묵은 과제였지만 독자들은 낯설었다. 이 시인에게 정형은 처음부터 극복해야 할 대상이 아니었다. 오랜 자유시 습작으로 이미 장과 구를 엮고 맺는 내공을 쌓았기 때문이다. 구를 결속하지 않은 배행을 취했고 자연스런 호흡으로 읽히지만 3장 6구의 형식은 단단하다. 시조란 형식을 존중하지만 결코 외적 형식에 매이지 않아야 좋은 시임을 모범적으로 보여주는 작품이다.

하지만 내겐 너무 낯익은 시다. 외로운 날 늘 찾아가곤 하던 그 강에 바치는 연서이기 때문이다. 이곳의 사람들에겐 낙동강은 피할 수 없는 숙명이다. 주남저수지도 우포늪도 다 낙동강이 범람하여 생성된 것들이다. 작은 웅덩이 하나도 낙동강과 무관하지 않다. 그녀가 기억하는 강은 밀양시 삼랑진 지나 낙동역 즈음하여 김해 가는 물줄기다. 물이 줄 때는 모래톱에 황새가 서 있고, 둔덕엔 눈부신 억새가 흔들거린다. 너무 아름다워서 눈물 나는 풍경에 자신의 실루엣을 세워두고 혼자 돌아오곤 했다.

데뷔작치곤 퍽 담담하다. 우륵은 "한 그루/오동나무로/이 강을 건너와서" 하늘도 강물도 풀잎도 바람도 잠재운다. 천년을 기다린 단 한 번의 현금을 위해 강은 일순 정적의 숨을 멈춰야 한다. 감정을 절제하고 선 채로 수묵화처럼 낙동강 저녁 안개에 젖어보면 천년을 걸어와 현을 타는 우륵을 볼 수도 있으리라.

1.
누가
햇빛의 은유를
나에게 가르쳤는가
저 연한
햇살들에게
눈물을 가르치고
눈물이
기쁨이라고
누가 소리치는가

2.
작은 섬
자전거 길
선술집 베아트리체
바다와
노시인과
낡은 우편 가방
그 속에
배경처럼 들어가
나도 은유가 되고 싶다
-「영화처럼 9 - 일 포스티노」전문

파블로 네루다는 자서전에서 "골방에 갇힌 시인은 절반의 시인이다."라고 말했다. 강현덕은 이 "절반의 시인"을 벗어나기 위해 다양한 빛깔을 갖고 싶었다. 그러므로 「영화처럼」 연작은 시인의 또 다른 모색이다. 물론 네루다의 "절반의 시인"과는 본질적으로 뜻이 다르긴 하지만 시세계를 풍성하게 하는데 분명 도움이 된다. 압바스 키아로스타미 감독의 영화를 보면서 이란을, 트란 안 홍 감독의 〈그린 파파야 향기〉를 통해 좀 더 구체적으로 베트남을 느끼기도 하니까.

영화 〈일 포스티노〉는 전혀 저항적이지 않다. 섬처녀 베아트리체를 가슴 시리게 사랑하는 우편배달부, 눈부시게 푸른 해안선과 철썩이는 파도 등 서정성 가득한 영화다. 스크린 속의 네루다 역시 고난에 찬 망명 시인의 모습으로 그리지는 않았다. 사랑에 다가가지 못하는 배달부 마리오에게 시를 가르치며 "시는 은유다."라고 말한다.

강현덕도 "낡은 우편 가방" 속에 들어가 "은유가 되고 싶다"고 고백한다. 관객의 입장이 아니라 가방 속 편지의 주인공이 되고 싶었다. 하지만 결국 직접적인 관계를 이루지 못한다. 늘 은유가 문제였다. 영화의 서정적 분위기는 잘 살려내었지만 결국 사회주의자 네루다와 마리오가 꿈꾼 세상에 다가가지 못하고 주변만 맴돈 아쉬움이 있다.

> 길이 새로 나면서 옛집도 길이 되었다
> 햇살 잘 들던 내 방으로 버스가 지나가고
> 채송화 붙어 피던 담 신호등이 기대 서 있다
> 옛집에 살던 나도 덩달아 길이 되었다
> 내 위로 아이들이 자전거를 끌며 가고
> 시간도 그 뒤를 따라 힘찬 페달을 돌린다
> -「길」전문

그렇게 시간이 흘렀나 보다. 이 시에선 곡진한 시간의 흔적이 묻어난다. 바스러질 듯 섬세한 결을 만져보면 의외로 단단하다. 씨줄과 날줄이 고르게 직조되어 있고 물기마저 촉촉하게 머금었다. 그녀가 보여주는 시간의 속성을 한 마디로 말하긴 쉽지 않다.

일군의 시인들은 누가 얼마나 더 언어를 벼랑으로 몰고 가 곡예를 보여주느냐에 목숨을 걸기도 한다. 하지만 강현덕의 시는 이와 궤를 달리한다. 초침에 단절되는 시간을 그려내기보다 벽에 걸어둔 낡고 잊혀진 시계, 그래서 건전지도 다 닳아 속절없이 지나간 시간이 미안해서 문득 되

돌아보게 하는 어느 오후 같은. 시가 곧 시인이라면 이즈음 그녀의 내면은 그런 분위기로 채워져 있다.

옛집을 찾아왔지만 자취는 없고 길이 되어 있다. 시인은 다시 시간의 궤적을 따라간다. 집이 길이 된 줄도 모르고 앞만 보며 살아왔다. 이 변화는 성인식을 치를 때 반드시 겪어야 할 통과의례다. 중견으로 진입하는 힘을 가장 잘 보여준 시라고 여겨진다. 무거워 보이는 의식을 시인은 가볍게 풀어낸다. 내 방 위로 버스가 지나가는 중압감을 "덩달아 길이 되었다"고 적는다.

길로 인해 사라진 추억을 아쉬워하기보다 차라리 스스로 길이 되자고 자신을 위무하는 것이다. 여기에 차용된 어휘 '덩달아'는 절묘하다. 가야금의 둥근 음률, 혹은 동요적 분위기를 연출하여 버스의 묵중함을 상쇄시킨다. 그래서 중종장에서 곧바로 자전거의 경쾌함을 끌고 올 수 있었다.

이제 시간은 더 이상 칙칙하거나 먼지에 쌓여 있지 않다. 시인은 길이 되었고 그 길을 아이들과 함께 걷는다. 흔히 범하는 몰아와 영탄에 빠지지 않고 함께 걷는 자신을 가만히 바라본다. 시인과 독자와의 사이에도 얼마간의 시간과 공간을 확보해 준다. 심화의 과정을 겪는 강현덕 시의 특징이 잘 드러난다.

텅 빈 어머니 몸
굽은 저 등허리

지금은 저녁 해 내려
꽃잎을 닫는 시간

바람이 향기를 거두기 위해
바쁘게 오가는 시간

세상의 눈부신 것들
모두 다 쏟아내고
비어서 접혀있는
골반, 잊혀진 중심

내 몸도 조금씩 비어 간다
거기에 겹쳐지겠다
-「폐광」전문

 곰삭은 장맛이 난다. 숙성의 과정을 거치지 않고 곧바로 관조와 승화를 말하는 시인들이 많다. 그에 비해 이 시인은 지나칠 정도로 순결을 강조했다. 그 고단함은 늘 자신을 향해 있었다. 이젠 자신을 옭죄던 엄격함을 풀어놓을 때가 되었나 보다. 그래서일까 그토록 힘겹게 지켜왔던 대상과의 거리를 조금씩 허물기 시작한다. 텅 빈 어머니의 몸을 보면서 그 어머니를 닮아가는 자신을 본다.
 거룩함은 충만해 있을 때는 알 수 없다. 그래서 어머니는 종교와 같다. 폐경의 골반은 세월 속에서 "잊혀 진 중심"이 되었지만 제 할 일을 다 한 생명의 창고였다. 예전이었다면 으레 어머니와 시인과의 사이에 얼마간 간격이 존재했겠지만 이젠 어머니의 생애에 자신을 오버랩 시키는 여유를 갖는다. 견고한 어깨를 허무는 일은 말처럼 쉽지 않다. 일정한 거리를 허물고 대상에 다가가기 까지는 시간이 필요함을 이 시는 말해준다.
　의미만으로 시는 성공할 수 없다. 정독해 보면 이 시는 참 아름답기도 하다. "저녁 해 내려/ 꽃잎을 닫는 시간"은 그냥 지나치면서 미처 보지 못했던 새로운 표현이다. 꽃 지는 시각, 피동적으로 어둠에 밀려 지는 것이 아니라, 해는 스스로 서편 지상에서 내려가는 것이다. 즉, '해 진다'가 아니라 '해 걸어 내려간다'라고 시인은 표현하고 있다. 시 읽는 또 다른 재미도 숨겨놓았다.

　　가시는 찔레잎을 매일 찔러댔다
　　젖빛 꽃잎에는 손도 대지 못하면서
　　만만한 잎사귀에만 구멍질을 해댔다

　　- 내 몸이 하는 일을 내가 우짜겠노
　　숭숭 뚫린 잎으로 가시를 닦아주던
　　오늘은 찔레로 살다 가신 당고모의 기일이다
　　-「일곱 번씩 일흔 번」전문

　몇 편의 신작 가운데서 이 시를 인용하였다. 뛰어난 수작이어서가 아니다. 익히 보았던 강현덕의 시와는 다르게 편안하다. 명징한 이미지와 격을 갖기 위해 체질적으로 노력해왔던 것들을 배제하고 일상어를 적절히 구사한다. 당고모의 기일을 맞아 쓴 시다.
　팔자가 그랬는지 늘 당하고 살았다. 가시에 찔리는 찔레 이파리처럼. 그것도 가장 가까이 있는 가시에 말이다. 태어나려면 가시 없는 나무에

소담스런 꽃잎이나 감싸는 잎으로 태어날 것이지 하필이면 박복한 찔레 잎으로 날 게 뭔가. 운명이겠거니 체념하며 그저 한 세월 찔리면서 보낸 줄로만 알았다. 찔려 숭숭 뚫린 잎으로 상처 난 가시를 닦아주던 마음을 한참 뒤에 알았다. 피붙이의 잘못은 내 탓이라며 허물 덮어주고 떠난 당고모의 생이 숭고하다. 형제의 잘못을 일곱 번 용서하며 물은 베드로에게 예수께서 "일곱 번 용서 할 것이 아니라 일곱 번씩 일흔 번이라도 용서하라"고 하신 말씀을 실천이라도 한 것처럼. 그런 당고모를 다시 보는 눈을 가진 것은 그만큼 세월이 흘렀음을 말해준다. 한 여인으로서, 시인으로서 성숙해졌기 때문이다.

강현덕의 자선 대표작 몇 편을 읽으면서 그간의 변화를 살펴보았다. 기준을 가진 시인에겐 신뢰가 간다. 자신이 정한 규격에 닿기 위해 노력한 흔적이 역력하다. 그런 시인이 어쩔 수 없이 가지는 정형성이 있다. 형식의 정형이 아니라, "적어도 시란 이정도의 엄격함으로 무장되어야 한다."며 자신을 옭죄는 정형성 말이다.

자신이 정한 굴레를 벗어나는데 꽤 오랜 시간이 필요했다. 「길」에서 많이 놓여났고 「폐광」에서 퍽 자유로워 졌다. 변화하는 시점에서 마침표 혹은 시작점을 찍는 시들이 있다. 위의 두 편은 그런 점에서 중요한 시들이다. 공교롭게도 상실 후에 쓰여 졌다. 그렇다면 시인은 지금도 목말라 있을 것이다. 채워서 더 얻기보다 잃고 더 크게 얻는 지혜는 함부로 얻어지지 않는다. 시인은 원래 그런 숙명을 갖고 태어난다. 신이 정한 길에 들어서지 못한 이도 있고, 아예 그 길의 냄새도 맡지 못한 이들도 있다. 강현덕이 현재 그 길을 부단히 가고 있다면 꽤나 행복한 시인이다.

나침반은 시간을 알려주진 못한다. 하지만 극이 가리키는 방향을 제대로 읽기 위해서는 얼마간의 준비된 시간이 필요하다. 극점을 향해 무작정 나아가는 것만이 진정한 여행자는 아닐 것이기 때문이다. 가다가도 돌아보고 깃발을 꽂다가도 더 낮은 봉우리를 바라보아야 한다. 강현덕 시인의 나침반엔 이제 세월의 손때가 묻기 시작한다. 걷다가 보면 시에도 이끼가 앉을 것이고 비탈진 한 굽이에서 이끼를 닦아내는 시인의 그림자도 만날 것이다.

결핍을 춤추는 생명의 제의祭儀

김윤철 시집 『봄볕 한나절은』을 읽고

1. 진정성의 시편들

부귀와 은혜를 상징한다는 모란꽃이 벙그는 날 김윤철 시집 탈고본이 왔다. 5월의 나른한 오후, 80편에 가까운 그의 시조를 읽으며 모란과 그의 시조와의 미묘한 상관관계를 생각했다. 삼국유사에 나오는 모란과 선덕여왕의 이야기야 누구나 다 아는 것이지만 중요한 것은 어린 날 꽃에 문외한이었던 나는 모란이 정말 향기 없는 꽃인 줄로만 알았다. 그러나 훗날 모란 역시 향기가 성한 꽃임을 알게 되었는데, 이런 이유 때문인지 나는 눈 감고도 모란의 향기를 구별할 줄 아는 정도가 되었다.

김윤철의 시조는 이름을 가리고 읽어도 단박 그의 작품임을 안다. 모두에게 적용되지는 않겠지만 적어도 나에게 그의 시들은 그렇게 읽힌다. 한 시인의 빛깔이 독자에게 그대로 전달된다면 그는 성공한 시인이다. 아니, 그 감정, 그 틀에 지나치게 충실하다면 일견 한계를 가진 시인으로 오인될 수도 있다. 사실주의 운동의 선구자 쿠르베는 "눈에 보이지 않는 것은 그리지 않는다."고 했다. 천사를 그려 달라고 했던 한 의뢰인에게 그는 "천사를 데려 오라"고 말할 정도였으니 그의 사실주의적 경향을 알 수 있다. 김윤철의 작품이 후자가 갖는 한계가 있다손 치더라도 분명 그는 자신만의 빛깔을 가진 시인이라 생각한다.

시편 곳곳에 드러나는 참담함과 절망은 결코 상상력의 산물이 아니다. 처절한 감정이든 극명한 이미지든 그의 작품 대부분은 삶이란 운명이 가져다 준 체험에 의해 일궈진 것들이다. 시인은 누구나 극적이거나 벼랑 위의 이야기를 쓰고 싶어 한다. 그러나 대부분 시는 그렇게 쓰고 싶고 삶은 행복하길 원한다. 그런 아이러니는 상상력이란 무기를 만나 발현되는데 그때마다 진정성의 문제를 야기 시키곤 한다. 한 번도 헐벗어보지 않은 사람이 가난한 자의 고통을 얘기할 때 우리는 일단 의심의 눈초리를 겨누곤 한다. 하지만 다행스럽게도 이 시집을 읽을 땐 그런 우려를 하지 않아도 된다.

2. 고통의 체험에서 태어난 시.

①
철책의 막사 밖엔 밤새워 눈이 내렸다
사금파리, 뼈 한 조각 허기로 움켜쥐고
쇠창에 목메어 우는 바람소릴 들었다

간밤에도 이름 모를 소녀 하나가 죽었다
들것에 눈을 털던 아카시아 잡목 숲
휘어진 눈꽃가지마다 노랑부리 새가 울었다

쇠 덫에 발목 묶인 아이 몇 뒤척이고
산 아래 민가에선 원생머리 하나에
밀가루 두 포대가 걸린 얘기들이 떠돌았다
-「영아원 일기」 전문

②
합포만合浦灣 방파제 칸델라 붉은 밤에
눈먼 갯장어, 서툰 칼에 꽁지뿐인 놈을
참기름 막장에 찍어 허, 세상 이 맛이야

낮볕 한줌 들지 않는 삼십 촉 처마 아래
덜 자란 무릎 덮으며 도장이나 파는 목숨
한 세상 좇지 못해 우는 것이 너 하나뿐이더냐

너 떠난 가포 솔숲 올 봄도 푸르고
미늘 귀에 갯장어 지천으로 달려와
막장에 푹푹 장죽처럼 박힌다, 아우야!
-「아우에게」 전문

김윤철의 시조를 읽다보면 유난히 가족을 소재로 하는 것들이 많다. 대충 일별해 보아도,「수복이 누님」,「능소화」,「갈촌역」,「역마」,「경난이 고모」,「옛집」,「초상화」,「사주」,「젖어미」,「어머니와 잉어」등 시집 곳곳에 단절과 이별의 씨앗들이 뿌려져 있다. 그가 설정한 가족사의 정조는 슬프고도 애잔하다. 우리는 그로부터 어떤 정보도 듣지 못했으므로 오로지 시집 속의 시들을 통해 한 시인이 살았던 삶을 읽어낼 뿐이다.

인용시 ①은 사회성 짙은 현실 고발시처럼 읽힐 수도 있으나 그의 상상력을 지나오면 고통스런 가족사의 한 페이지 혹은 흑백 사진첩 속 절망의 체험처럼 각인되곤 한다. 셋째 수 중·종장을 이룬 "산 아래 민가에선 원생 머리 하나에/밀가루 두 포대가 걸린 애기들이 떠돌았다"에 이르면 최근 영아원의 현실을 고발하는 시는 분명 아니다. 이 구절은 단박에 폐허와 가난으로 인한 가족사로 점철된 50년대로 우릴 인도한다. 요즘에도 간혹 복지시설(영아원, 고아원, 요양원 등)이 비인도적 운영으로 사회면을 장식하기도 하지만 "쇠 덫에 발목 묶인 아이"란 표현에 눈길을 주면 현재의 것이 아님은 금방 알 수 있다. 그가 고아인지 그래서 영아원 생활을 했는지는 알 길 없으나 이 시집 전체를 흐르는 시인의 가족사는 화목과 희망은 강 건너 불빛처럼 요원해 보인다.

인용시 ②는 그런 유년을 지나와 장년의 삶이 어떤 빛깔로 그려지는지를 잘 보여준다. 이 시를 산문으로 풀어보면 마산 어느 곳에서 작은 가게를 얻어 삼십 촉 불을 밝히고 도장을 파서 일용할 양식을 구하는데, 가슴이 먹먹해지면 밤 방파제에 나와 갯장어와 한 잔 술에 취한다. 그리곤 떠나간 아우를 생각한다. 어떤 연유로 아우와 헤어졌는지는 모르지만 멀리 칸델라 불빛을 보면서 기름장에 갯장어 찍어먹으며 눈물인지 빗물인지

모를 허랑한 슬픔에 잠긴다.

　인용한 두 편의 시에 나타난 슬픈 가족사는 5~60년대를 지나오면서 부득이 짐질 수밖에 없었던 가난한 이웃의 풍경화다. 그 고통은 잘 극복되지 않고 이어지고 있으며 지금도 시인을 외롭게 하는 요인으로 남아있다. 하지만 역설적이게도 그 슬픈 유년의 가족사는 얄팍한 언어의 유희에 매몰되지 않는 버팀목이며 시를 길어내는 동력이 되고 있다.

3. 시작詩作, 거듭남을 향한 제의祭儀

　위의 시들을 통해 유년에서 청년을 거쳐 장년으로 살아온 김윤철의 행로를 잠시 살펴보았다. 이제 시 속에 드러나는 그의 삶의 모습을 살펴볼 차례다.

　　①
　　음력 섣달 스무이레는 언양 설 대목장
　　첫새벽 채전머리 포장 없는 난전에 앉아
　　한 상에 이천 원하는 백반을 먹습니다
　　시래깃국 한 그릇에 채 나물무침 두 가지
　　갓 지은 흰 쌀밥을 고봉으로 퍼 담아주는
　　주름진 아낙의 손이 시리도록 유정합니다
　　이 없는 노파와 행상 노인이 비집고 앉은
　　남루한 밥상으로 고무함지 넘나들고

강냉이 튀기는 소리 먹먹한 그런 아침입니다
-「설 대목장」전문

②
더운 여름 냇가로 한 사내가 걸어왔다
흙먼지 투성이의, 먼 길을 걸어서 온
사내는 나뭇가지 위에 웃옷을 벗었다

백일홍 꽃잎 하나가 물위로 떨어졌다
사내가 세수를 하고 머리를 감는 동안
칼끝이 팔뚝 깊이 박힌 문신을 훔쳐보았다

넘어지면 밟고 가는 이승의 길모퉁이
등 돌린 세상을 향한 분노의 칼은 아닐까
그 마음 도려내고 푼 삭도削刀는 아닐까

발등을 간질이는 이 소리 없는 냇물도
저 계곡 어디쯤에선 큰 소리로 울었으리
물아래 어느 돌이건 상처 아닌 것이 없었다
-「단도短刀」전문

내가 알기에 인용시 ①역시 상상력의 산물만은 아니다. 실제 그는 5일장을 따라 떠돌이 행상을 펼치기도 했고, 진주 개천예술제, 진해 군항제,

밀양 아랑제 등등 전국의 축제 마당을 찾아다니며 일용할 양식을 구하기도 했다. 그러므로 그가 펼쳐내는 풍경은 감상적이거나 피상적이지 않다. 최고의 진실은 사실성을 바탕으로 할 때 잘 드러난다.

　그가 바라본 언양 설대목장의 분위기 또한 그런 체험을 바탕으로 그려진다. 난전의 백반 한 그릇은 얼핏 보면 매우 인간적이다. 그러나 시인이 포착한 것은 그런 피상적인 따뜻함이 아니라 '시리도록 유정한' 풍경일 뿐이다. 이는 김윤철이 아니면 읽어내기 힘든 심상이다. 일반적으로 설대목장은 명절을 맞이하는 들뜬 마음들로 인해 파는 이와 사는 이가 부산스럽고, 카메라는 김이 나는 떡가래를 비추며 훈훈한 장면을 연출한다. 하지만 설날이래야 찾아볼 일가붙이도 없는 동병상련의 장사치들에겐 그런 훈훈함마저 마냥 즐거운 풍경이 아니라 알지 못할 먹먹한 아픔이 묻어나는 장날이기 때문이다.

　②에 오면 한 걸음 더 나아가 세상을 건너는 한 사내의 막연한 분노를 읽을 수 있다. 시인이 바라보는 세상은 "넘어지면 밟고 가는 이승"이며, 그 과정에서 "등 돌린 세상을 향한 분노의 칼"을 갖게 되었고, 필연적으로 "칼끝이 팔뚝 깊이 박힌 문신을" 갖게 되었다고 말한다. 그 흔적들은 씻어내어야 할 무엇이다. 오늘 이 씻음의 행위는 일종의 제의처럼 경건하다.

　유년과 청년기를 거치는 동안에도 그의 삶은 여유롭지 못했다. 가난의 굴레를 벗기 위해, 태생적으로 타고난 고독과 외로움에서 벗어나기 위해 떠돌았지만 다시 그 것들에 의해 더욱 외로워지는 자신을 발견할 뿐이었다. 여수 앞바다 연도란 섬을 비롯한 국토 여러 곳을 몇 해째 옮겨 다니고 있고, 때로는 그런 운명을 온 몸으로 거부하기도 했고, 숙명이라며 체념하기도 했다. 이번 시집은 그런 운명을 고백하고 거듭나기 위한 것이다.

4. 단아한 서정을 노래하다.

위에서 살펴본 삶의 무게는 쉽게 내려놓기엔 너무 무거워 보인다. 이 시집을 관통하는 외로움과 고독은 가장 김윤철 다운 빛깔이만 외려 이런 것들로 인해 독자들은 곤혹스럽기도 하다. 시란 이런 곤고함에서 벗어나고자하는 의지의 표현이기도 하지만 때로는 유쾌한 언어의 놀이이며 사랑과 행복의 등가물이기도 한 까닭이다.

   삯바느질 노파가 며칠 전 죽었다네
   낯이 선 수양아들과 허청대는 술꾼도 몇
   북녘 땅 올려다 뵈는 질펀한 부두 난전
   늦가을 눈부신 옥양목 결을 따라
   바늘땀 하얗게 팬 재봉틀 소리로 가던
   바닷가 그 언덕 마을 차양도 낮은 집
   -「아바이 마을에서」 전문

   ②
   옷고름을 쥐고 잠든
   오배자 잎이 하나
   방 한 칸 마련되면
   한걸음에 되 오마
   재 넘다 뒤돌아보던
   붉나무 등걸 하나

-「소한 소묘」 전문

　인용시 ①은 김윤철 시조가 갖는 미학의 완결성을 보여준다. 다시 말해서 직접적인 슬픔과 한을 조금 걷어내면 얼마든지 정제된 서정을 그려낼 수도 있다. 첫째 수는 특유의 음색으로 끝내 이산의 아픔을 해결하지 못하고 속울음을 울면서 이승을 하직한 삯바느질 노파를 얘기한다. 그러나 둘째 수에 이르면 한결 정제된 음성으로 노파와 작별한 어촌의 서경을 그려내는데, 안정되고 알맞은 운율은 한 편의 가작을 완성한다.
　②에선 거추장스러운 한을 벗고 시의 본령에 접근한다. 이 시 역시 비극적 정조를 바탕에 깔고 있지만 도처에서 드러나는 눈물과 고통의 빛깔에서 많이 벗어나 있다. 첫 시집은 대체로 축약보다는 군말과 사족이 많은데, 이는 하고 싶은 말들이 많은 까닭이다. 이 시집에서도 단수는 드문 편이다. 그러나 이 단아한 한 수를 대하고 나면 앞으로 얼마든지 잘 다듬어진 단수를 기대해도 되겠다는 확신을 갖게 한다.

5. 온몸으로 쓰는 몸시詩

　　나는 더 이상 예전의 내가 아니다
　　너 또한 내가 알던 마법의 네가 아니다
　　숙어진 갈볕으로나 무덤가로 번져갈 뿐

　　나는 너를 모른다, 너도 나를 모른다

파도를 잃고 누운 애옥한 바닷가
나각螺角의 기억을 불면
너를 지나 왔다는 것
-「청춘」전문

그에게도 질풍노도의 청춘이 있었다. "더 이상 예전의 내가 아니다"고 말하지만 아직 끝나지 않았는지도 모른다. 나각을 부르며 옛 기억을 불러보아도 그저 그 시절을 지나왔을 뿐 극복하지는 못했는지도 모른다.

남들처럼 함께하지 못한 가족사, 뿌리 없는 고향(인천 태생이라 했지만 그다지 추억할 것도 없는), 행복을 찾아 전전한 직업들, 무엇인가에 쫓기듯 이사를 다닌 역마살, 쉽게 정주고 정받지 못하는 외로움, 이런 여러 결핍의 요인들이 그를 시인이게 했다. 이 시인에게 시업은 또 하나의 이력이 아니라, 책망하고 위로받는 거울이며 동반자다.

김윤철의 시조집을 덮으면서 아직은 "충만한 사랑과 행복을 노래하라고 권하지 않으리라" 마음먹었다. 그의 정체성은 바로 이런 결핍에서 오는 것이며, 그 결핍은 풍족함의 시대를 건너는 무기일 수도 있겠다는 생각이 들었기 때문이다. 시인이 쓴 시인의 말은 80편의 시들보다 감동적이다.

"일찍 부모를 잃는 다는 것은 세상에 대해 확신을 잃는다는 것이다. 누군가 나에게 하늘은 노랗다고 말한다면 나는 분명히 그렇다고 대답할 것이다. 버림받았다고 다 버려지는 것이 아니듯 불운하다고 불행한 것만은 아니다. 팔다리가 없다면 몸으로 기어서라도 가는 것이 의지이다. 이 땅에 온몸으로 몸詩를 쓰며 살아가는 아름다운 벗들에게 부족한 나의 글을 바친다."

그의 시는 온 몸으로 쓴 몸詩다. 때로는 둔탁하기도 하고, 눈물로 버무린 비빔밥 같기도 하다. 이 시집은 세상을 향한 외침이기보다는 세상 위에 발가벗은 채 자신을 드러내는 뜨거운 제의祭儀에 가깝다. 그러므로 메타포에 숨은 채 아름다워질 필요도 없는, 날 것 그대로의 노래이고 싶어 한다. 중요한 것은 한국시조단에 자신만의 개성을 한껏 드러낸 시조집 한 권이 추가되었다는 것이고, 따라서 우리는 그의 '더러운 그리움'까지 사랑할 준비가 되었다는 것이다. 그의 그림자가 세상에 어떻게 비춰지든 그건 그들의 몫일 뿐이다. 그 이후의 노래는 다음에 듣기로 하자.

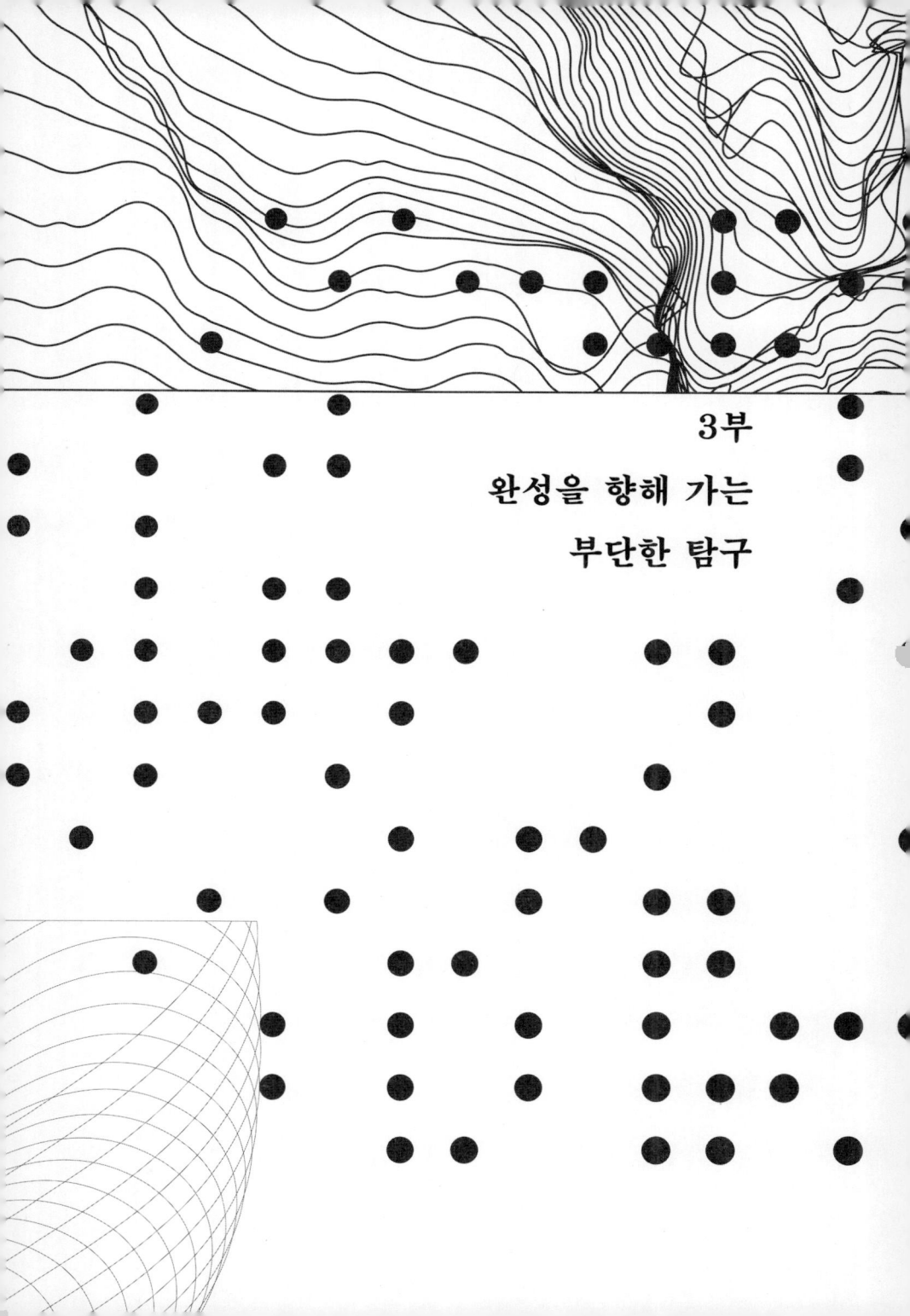

3부

완성을 향해 가는
부단한 탐구

견고한 내면, 그 소통을 향한 창窓

― 엄미경 시집 『점등인의 하얀 손』 서평

  난 한 작가의 작품세계의 변화과정을 말할 때 헤르만 헤세를 떠올리곤 한다. 헤세는 16세를 끝으로 정상교육을 마감하였고, 이후 고독과 사색, 자살미수 등 처절한 절망과 극복의 과정을 거치게 된다. 20대 중반부터 시와 소설 창작에 매진하여 문명을 얻기 시작하였고, 『향수』, 『수레바퀴 아래서』 등의 대표작들을 발표할 수 있었다. 그러나 일차대전이란 환경의 변화는 이 풍부한 감성의 작가를 현대문명의 준엄한 비판자로 변모하게 한다. 그리고 만년에는 서구와 동양정신의 조화를 이루었다는 『유리알 유희』를 발표함으로써 명실상부한 거장의 반열에 오르게 된다.
  엄미경 시인의 시집 해설을 쓰면서 헤세를 떠올린 이유는 한 시인의 상상력과 세계인식의 깊이와 넓이를 가늠하기 위해 하나의 규범을 갖고 싶었기 때문이다.

1. 닫힌 세계의 인식

해 점점 길어지는 벽시계를 닦는다
사각의 검정바탕 흰 초침이나 분침
엿가락 늘어진 하오 생각을 잡아당긴다

한 바퀴 기름친 구역을 맨발로 돌 때
넌 아니? 틈을 메운 공기의 아픈 저항
숨일랑 쉬어선 늦어 멈출 수가 없다
-「검정바탕」 전문

65편의 원고를 읽으면서 이 작품에 주목했다. 검정이미지는 심상의 변화 과정에서 중요한 키워드가 되고 있다. 헤세를 떠올린 것도 이 시와 무관하지 않다. 시간이 엿가락처럼 늘어진 여름 하오라면 생각도 좀 느슨히 두어도 좋으리라. 하지만 지금 시인은 무언가에 쫓기고 초조하다. 우울하고 단절되어 있다는 느낌을 떨치지 못한다. 저만치 누워있는 게으른 생각을 끌어당겨 팽팽한 긴장 속으로 자신을 데려가려 한다. 여백과 여유는 좀체 용납되지 않는다. 틈을 메운 공기들은 서로 저항한다. 이것이 시인이 인식하는 세계이며 일상이다. 시간의 바퀴를 구르는 초침은 검정바탕을 벗어나지 못한다. 검정은 고독과 소외의 또 다른 표현이다. 이토록 팍팍한 삶은 어디에서 연유하는가?

쇠 껍질 바퀴가 되어 구르다 떨어뜨린

어디서 잃었을까 말이든 몸짓이든
앙상한 빈가지 곁에 표정 없는 파충류

…〈중략〉…

노숙의 덜 깬 잠을 신발 속에 구겨 넣고
이른 아침 기차역엔 부산한 뉴스 화면
성에꽃 제한구역을 급행으로 달린다
-「도마뱀」부분

  시인은 자신의 주변에 눈길을 준다. 역 대합실에서 한 다발 야채를 파는 아낙네, 부스스 잠깬 노숙자, 말과 표정을 잃은 이들의 아침, 뉴스 화면엔 이들과는 상관없는 부산한 하루가 펼쳐진다. 그것도 서리 내린 초겨울을 급행으로 내달린다. 힘 있는 이에게 꼬리를 잘라주고 숨어버리는 그들을 도마뱀으로 비유한다. 시인은 여름에서 겨울로 옮겨가면서 외부의 차가운 기운을 내면의 것으로 옮겨온다.

오후엔 책상과 서랍을 정돈하고
어깨에 내려앉은 흰 먼지를 털며
전원을 가슴에서 끄는 사람들의 마감

눈도 오지 않는 데 겨울은 왜 깊나
시낭송회 조용히 뒷자리에 앉아

가슴 속 낡은 수첩만 뒤적이고 있다
　　-「어느 시낭송회에서」부분

　눈도 오지 않는데 겨울은 깊다. 가슴을 덥혀주어야 할 시낭송회에 와서도 사람들은 전원을 끈다. 시는 마음과 마음과 이어주는 매개물이다. 그런데 말씀의 잔치 속에서도 정작 가슴은 닫혀 있다. 시도 시인도 넘쳐나지만 왠지 시인의 부재를 느낀다. 뿐만 아니다.

　　갈증은 목을 타고 내장을 들쑤신다
　　토끼 똥 작게 떨군 생각조차 힘에 부쳐
　　한소끔 끓이다 마는 소금물의 결정체들

　　미분해 가지 사이 어김없이 잎은 꽂혀
　　조각 진 별 모양을 뜯어내는 하늘 어귀
　　바퀴의 검은 레일을 깔지 않으면 못 간다
　　-「모로 누운 시간」전문

　밤은 더 불안하다. 시간은 모로 누워 있고 대답없는 물음과 생각들은 소금처럼 생경하다. 조각난 심상들은 대상에 이르지 못한다. 이미 교통하는 레일은 없어 불가해한 칠흑의 하늘에서 길을 잃고 만다. 떠나보낸 잎새들은 날카로운 부메랑처럼 자신의 가슴을 향해 날아온다. 이 시 역시 혹독한 단절을 말하고 있다. 시인은 애써 자신을 나락에서 건져내려하는 몸짓을 보이지 않는다. 섣부른 화해보다는 이 시련의 바다에서 견뎌내는 내성을 얻고 싶어한다.

  이 부단한 담금질은 성숙된 시인을 향한 의도된 통과의례 즉, 대해로 나가기 위해 자신을 비추는 또 하나의 거울을 준비하는 과정은 아닐까? 나는 이런 내면을 갖기까지 엄미경 시인의 시세계 변화과정을 들여다보려 했다.

2. 수식을 버리고 얻은 절제

  그러기 위해서는 앞의 세 시집을 읽지 않을 수 없었다. (이 글에서는 편의상 자유시와 정형시집의 각각 첫째 권인 두 시집만으로 예를 들기로 한다.) 자유시 73편을 묶은 처녀시집 『투명한 마침표를 찍고』는 등단 초기와 습작기의 작품을 묶은 것으로, 시들은 밝고 다감하다. 풋풋한 감수성의 다발을 펼쳐놓았다.

    퍼부어 주세요/ 그의 수다스런 웃음으로 / 조금씩 살아 있다고/ 느껴질 때/ 생기발랄한 신발들은 달리며/ 축제처럼 사람들은 통로를 빠져나와
     - 「함박눈」 부분

  같은 눈을 노래했지만 이 시는 생기발랄 그 자체다. 소란스런 사람들의 웅성거림과 발길 따라 눈은 소통하며 내리는 것이다. 이 시에선 단절은 없다.

    미루나무 잎새들이/ 어둠을 흔들며/ 추락하는 땅으로/ 풀밭처럼 손수건을 펼쳤다// 주머니를 채우지 못한/ 빈공간들이/ 쓸쓸한 웃음을 뿌렸다/ 깃

털과 목소리가/ 나뭇가지에서 뛰어내렸다
　　　－「휴일, 잃은 소리들에 대하여」부분

　이 시는 직접적으로 단절을 노래하고 있다. 휴일 날 내가 보내는 신호음이 잘 연결되지 않는다. 그러나 앞부분에 거론된 시들에 비해 대립각은 느슨하다. 잎새들은 추락하면서도 손수건을 펼치고, 빈공간은 기워진 것이 아니라 채우지 못한 주머니로 표현되며, 절망의 몸짓도 쓸쓸하지만 미소를 머금고 있다. 「채우지 못한 주머니」는 단절이라기보다 「충만 되지 못한 상태 혹은 비워둔 여백」처럼 공간이 보인다.
　첫 시집은 대체로 삶의 희구를 위한 긍정의 눈빛으로 가득 차 있었다. 하지만 위의 시처럼 느슨하나마 대립각을 세우는 시들도 없지 않았다. 다만 그 대결구도가 치열하기 보다는 다소 낭만적 색채를 띠고 있었다.
　시인의 세 번째 시집은 71편의 시조를 묶은 것이다. 이 시집은 '나무에서 빠져 나오다'는 제호에서 읽을 수 있듯이 어떤 관념에서 빠져나와 독립된 자아를 찾기 위한 몸짓을 보여준다.

　　철근을 멘 사내들이 계단을 올라선다
　　늦도록 못질해야 가슴으로 박을 별의
　　통유리 닦아 낸 손엔 찬 불빛 이글거린다
　　까치발 허리띠로 낭떠러지 숨을 물고
　　돌아볼 겨를 없던 세상은 저 뻘밭이다
　　어느 틈 돋아 올랐나 밀서같이 견딘 풀잎
　　약국 건너편 핏기 잃은 가스불 외등 아래

폐렴을 앓던 나무 붕어빵 몇 마리가
노릇이 익은 살점을 종이 봉투로 담겨진다
세월 칸칸이 들고나던 소금물 두께 만큼
사방을 바스락거려 덮어주는 깊은 눈발
그쯤엔 햇비늘 한 자루 더 단단히 채워놓다
- 「겨울 염전」 전문

이 시 역시 시점은 겨울이다. 첫 시집의 시들보다는 한결 단단해 보인다. 그것은 구체적으로 사물을 직시하는 능력을 보여주고 있기 때문이다. 철근을 멘 사내들의 세상은 뻘밭이다. 폐렴앓던 붕어빵들은 노릇노릇 익어 더운 숨결을 전해준다. 좀처럼 얼지 않는 소금물의 두께 위로 얹히는 눈발은 따뜻하고 그윽하다. 그래서 새봄 햇살을 예비할 수 있는 것이다. 하지만 어딘가 허전하다. 셋째 수에서 넷째 수로 넘어와 맺는 결구의 과정이 생략되어 있다. 이런 비약은 시적 장치의 미흡에서 온다. 도회의 변두리에서 겪는 아픔과 온기를 얘기하다가 느닷없이 염전에서 시가 마무리 된다. 아쉽다.

가슴에 덮힌 바람 한 삽씩 헤친다. 흙 속에 맑은 물을 홍건히 손에 적셔, 물관을 따라 오르는 연두빛의 발신음

오랜 소식 없어도 봄처럼 그냥 알리, 네 뜰 한 쪽으로 수혈하는 유배지에서, 마른 몸 언덕에 나부껴 복사꽃꽃… 잎 무너질 때도
- 「모종」 부분

신선하다. 생명을 향한 경외감을 연두빛으로 그려낸다. "물관을 따라 오르는 물"을 지하의 "발신음"으로 읽어내는 눈빛은 예사롭지 않다. "복사꽃꽃… 잎"이란 조어 역시 자연스럽다. "흙 속에 맑은 물을 흥건히 손에 적셔"라는 구절에 눈이 간다. 그러나 이 시집은 현실에 무게를 두면서도 자유로운 상상력, 풍부한 서정성으로 다양한 관심을 보임으로써 다음 시집에 대한 기대를 갖게 하였다. 이 시집들을 읽고 난 후 시인의 시적 궤적을 다소나마 알게 되었다. 첫 시집은 90년대에서 2000년대 지나오면서 거대자본의 도시에서 우리가 익히 보아온 인간의 소외와 고독은 없었다. 시인에겐 한편 다행하고 또 한편 불행하다. 다행한 것은 아직은 덜 잃어버린 농촌의 정서와 반촌의 갈등들을 경험한 것이고, 불행한 것은 삶의 변화로 인해 필히 겪게 될 현대적 비애를 뒤늦게 갖게 될 것이기 때문이다. 하지만 그 우려는 어쩌면 쉽게 해결될 지도 모른다. 이런 단절과 소외는 역시 체득된 자연의 서정으로 극복될 것이기 때문이다.

오히려 내가 우려한 것은 세 번째 시집을 읽으면서 느낀 '정형시의 자연스러운 구현'에 관한 것이었다. 이 시조집을 읽어보면 시조의 기본인 단수가 단 한 편뿐임을 알 수 있다. 그것은 수사를 버리지 못한 탓이다. 비정형의 상상력을 어떻게 정형의 그릇 속에 담을 것인가는 시조를 쓰는 이라면 누구에게나 버거운 숙제가 아닐 수 없다. 또한 애써 찾아낸 시어들을 잘라내는 고통을 견디기란 쉬운 일이 아니다.

시인은 지금 여러 변화된 환경에 처해있다. 삶의 근거지는 부산으로 옮겨왔고, 詩業으로는 네 번째 시집을 펴냄으로써 자신의 역량을 보여주어야 한다. 이런 변화는 자칫 정체성의 혼돈을 가져오기 쉽다. 이런 관점에서 볼 때 위에 예를 든 몇 편의 시들이 왜 "모로 누운 어둔 시간"을 따라 초침이 움직이고 있는가를 이해하게 한다. 이 신도시로의 발빠른 변화와 그로 인한 사시적 시각은 분명 이 시집의 한 축을 이룬다.

> 내 작은 시로 그대의 위로가 되었으면
> 어깨를 눕히는 가을 깊은 산아래
> 말갛게 울리는 물방울, 소리로 다가간다면
>
> 숲 속은 한순간에 낙엽으로 무너지고
> 밤나무 긴 가지로 길처럼 뻗은 나날
> 반가운 편지를 보낼까 망설이곤 했지
> -「작은 시」전문

애초에 시인은 풍부한 감성을 갖고 있었다. 그것이 현실과 충돌하면서 날카로운 파열음을 일으켰고, 얼마간 시간이 지나면서 갈등은 많이 진정된 느낌이다. 이제 시인은 자신에게 혹은 이웃들에게 위로의 말을 건넬만큼 여유로워졌다. 화려한 수사를 벗어버리고 가을 산아래 흐르는 맑은 물소리로 다가가고 싶어한다. 시의 궁극은 절망하는 이를 따뜻이 보듬는 것이라고 낮게 말한다. 먼 곳에 있다면 편지를 할까, 그마저 부질없다 싶으면 낙엽에 덮어버릴까? 생각을 줄이는 일은 곧바로 언어의 절제를 가져온다.

> 조용한 손님으로 초대장을 받는다

소등한 자정 지나 봄비의 늦은 여운

인연을 나눠 마시듯 반잔씩 반 모금씩
- 「곡우」 전문

그 무렵 내 소년아 햇살은 저리 어둡고

한 그루 작은 나무 너른 들판에 잠겼네

영민한 귓속을 들어가는 달팽이들 저, 촉촉한
- 「그 소년」 전문

   간결하다. 단수로도 할 말을 다 하고 있다. 작물의 준비를 위해 조용히 오는 곡우. 볍씨나 나무를 소리없이 적시는 겸손함이 묻어난다. 이런 날은 하얀 찻잔에 우려낸 우전을 마시고 싶다. 낮은 비처럼 시도 낮게 스며든다. 아래 시는 또 어떤가. 아스라한 추억은 초중장의 행간을 건너뛰고, 섬세한 종장처리로 인해 시는 생명력을 얻고 있다. 인용한 시들은 일전의 시집들에서 보여준 부산한 보법에서 한 결 성숙된 면모를 보여준다.

3. 자연에 다가가는 동심의 체현

   그러나 뭐니 뭐니 해도 이 시집의 가장 큰 특징을 꼽으라면 자연과 동심의 체현에 있다. 동심이야 말로 단절과 소외를 극복하는 가장 효율적인 도구다. '틈을 메운 공기의 저항'은 어디까지나 어른들의 것이다. 미래에 대한 복잡하고 미묘한 불안은 아이들에겐 없다. 시인은 이 거대하고 견고한 콘크리트의 균열을 위해 동심으로 승부하려 한다. 그러나 그 역시 그냥 얻어지는 것은 아니다. 아이를 낳고 육아를 통해 체득된 것들을 바탕하지 않고서는 이루어지지 않는다. 동심으로 세상을 보려하는 여러 편의 시들 중에서 몇 편을 골라 보았다

젖니 같은 꽃잎 달고 노랗게 핀 산국

햇빛 잘 든 숲길에서 공연히 웃어보았다

먹어도 똑같은 나이의 천진한 저 아이들
-「동화」전문

우리 앞에 놓인 삶은 막막하다. 버리지 못하고 지녀온 것들도 초발심으로 돌아가면 평정을 찾을 수 있다. 그것이 동화가 우리에게 주는 교훈이다. 올해도 변함없이 산국이 피었다. 또 한 해를 넘겼지만 꽃들은 늘 새잎이다. 동화는 어른이 읽어도 재미있고 설렌다. 꽃과 동화는 늘 그대로지만 바라보는 사람만 주름이 하나 늘었다.

시계 바늘을 빼 놓으니 시간이 헐렁하다
부지런히 가던 몸 바위에 잠시 앉은 노인

불현듯 입김을 따라 지나간 길 흘러나오네

아침은 어둠을 씻었다고 함부로 않네
잎사귀 가장자리 아주 작은 청개구리
한 발씩 건너뛰어 지금은 도시도 분주할 꺼다
-「헐렁한 기쁨」전문

이 빠진 노인과 함께 바위에 앉아본다. 시계바늘을 따라가면 '틈을 메운 공기의 아픈 저항'을 느낄 뿐이지만, 시계바늘을 빼 놓으면 그제야 청개구리가 보인다. 지금 도시는 분주하겠지만, 시인은 헐렁한 기쁨에 여유롭다. 뿐만 아니다.

덜 익은 메밀꽃도 사방에 필 것 같은
산 속으로 찾아 들면 낯익은 봉평 읍내
장날엔 함성을 울리다 사라지는 소년들

끊어진 물의 직각 소문처럼 멈춰 버린
물레방아 구석으로 비만 오면 찧어 놓는
새하얀 대리석 문학비엔 깨알이듯 돋은 얘기

오래 비운 마음으로 둘러보는 생가 입구
대를 여문 옥수수가 헛수염을 날린다
앞마당 햇살은 무심히 나뭇잎에 늘 젖다

- 「이효석 기행」 전문

　옛 작가의 집. 뭇 남녀의 사랑터였던 물방앗간은 멈춰선지 오래고, 비워둔 집에선 사람냄새 없다. 그저 옥수수만 실없이 헛웃음을 웃는다. 하지만 그곳에서 시인은 충만한 사연들을 듣는다. 눈부신 메밀꽃밭에서 봉평장 소년들의 순진무구한 함성을 듣는다. 누군가에게 다가갈 때엔 마음의 무장해제가 필요하다. '끊어진 물의 직각'은 우리들 세속적 삶이지만, 비운 마음으로 들여다보면 깨알처럼 얘기들이 쏟아진다. 시인은 에로틱한 봉평의 한밤을 해학으로 풀어낸다. 해학은 바로 동심에다 눈높이를 맞추는 까닭이다.

　　물렁한 근육들을 움직여 나아가지만
　　달팽이 껍질 안에서 발을 뺴낼 수 없다
　　서늘한 새벽 꿈이듯 안개에 몸을 식힌다

　　계절은 어김없이 허물을 벗고 걷는다
　　치부를 가리던 가랑잎도 훌훌 털고
　　사람들 소리나는 쪽으로 가지가 섞인다

　　최신형 도난방지 자물쇠를 장착한
　　아파트 집집마다 배달되는 가을 햇살
　　뿔 끝에 퍼지는 온기 가로수를 감는다
　　- 「외부」 전문

가장 최근작 한 편을 골라보았다. 내부의 부드러운 살은 딱딱한 껍질에 갇혀 있다. 그러나 이 껍질은 자신을 보호하기 위해 스스로 선택한 것이다. 이제 거꾸로 이로 인해 자유가 제한되고 있다. 달팽이와 도난방지 자물쇠를 채운 도회의 집들이 다르지 않다. 하지만 햇살은 굳게 닫힌 창을 열게한다. 집앞 가로수의 낙엽이 창을 통해 들어온다. 햇살은 내부와 외부의 경계를 일거에 허물어뜨린다. 우리가 선택한 이 현실을 해결하기 위해 시인은 대결구도를 설정하지 않고 자연에 기대어 이를 극복하려 한다. 이 시는 이 시집이 구현하고자 하는 모범답안처럼 보인다.

이렇듯 일별해본 엄미경 시인의 시세계는 새로운 변모를 보여주고 있다. 자본의 논리가 지배하는 도시에서 소외와 단절은 피해가기 힘든 무엇이다. 이의 반대편에서 시인은 조심스럽게 동심과 절제된 서정성으로 대칭을 이루려 했다. 도심 속에서의 소외, 무분별한 개발로 인한 상실, 그러나 무엇과도 바꿀 수 없이 소중한 성장기의 자연과 추억, 그리고 동심으로의 소통, 이런 전이는 자연스러워 보인다. 이 시집 한 권으로 시인은 원한 만큼의 다양한 스펙트럼을 보여주었다. 그러나 그것이 곧바로 좋은 작품으로 연결된다고 말할 수는 없다.

동심과 자연친화는 탐욕을 버리는 것이며, 시인이 지향하는 첫 문이며 마지막 문이다. 그런 의미에서 이 시인의 동심지향은 너무 이른 감이 없지 않다. 하지만 이 또한 한 과정일 뿐이다. 헤세가 일차대전이란 격동을 겪고 난 후 새로운 합일을 이루었듯이 엄미경 시인 또한 치열한 내적 승화 과정을 딛고 더 나은 작품을 보여주기를 기대하는 것이다.

굳건한 생을 염원하는 무한긍정의 시학

김승봉 시조집 『작약이 핀다』 서평

1. 바다, 그 삶의 현장에서

김승봉 시인의 시조에선 갯내음이 난다. 섬을 건너온 바닷바람이 잠시 가쁜 숨을 쉬듯 목쉰 음성으로 뱉어내는 시편들이 정겹다. 김 시인은 통영에서 바다 관련 일을 한다. 낚시꾼들에게 배를 렌탈 해주거나 갯바위 안내를 하고, 고기를 키워 파는 일 등으로 삶을 영위 한다. 어쩌다 해변을 거닐거나 바다를 조망하며 쓴 시가 아니라 현장을 뛰어다니고 체험하며 쓴 시다. 남이 갖지 못한 소중한 체험들이다.

그런데도 이런 풍부한 소재들을 작품에 옮겨오는 데는 조심스러워 한다. 뚜렷한 삶의 철학이 뒷받침 되지 않은 상태에서 자신의 이야기를 전하는 것이 아직은 시기상조라는 생각이다. 자신의 삶을 시로 승화시키기 위해서는 숙성과정을 거쳐야 하는데 이 점이 다소 부족하다는 겸손함이 전제되었기 때문에 존중받을 필요가 있다. 이 시집 『작약이 피다』를 펴내기까지 많은 고심이 있었다고 한다. 저서를 갖는다는 설렘보다 작품의 질을 냉정히 평가받는 일이 부담스럽기 때문이다. 지금까지는 내가 좋아서 쓴, 지극히 주관적 입장이었지만 이제부터는 독자와 평자들에 의해 재단되는 객관적 상관물로 치환 된다. 그러나 애써 지은 작품들을 창고에 가둬 두는 것 또한 예의는 아니라는 반성 위에서 시집 발간을 계획한 것이다.

시인의 덕목 중 하나가 자신이 사는 곳을 사랑하는 마음이라면 그것만큼은 누구에게 뒤지지 않겠다는 의지가 돋보인다. 2004년《현대시조》겨울호 신인상으로 문단에 등단한 이후, 통영을 떠나지 않으면서 지역 문학 발전을 위해 노력해 왔다. '물목문학회' 동인으로 활동하는 한편 통영문학 전반에서 솔선수범하고 있다.

2. 묵언으로 새긴 지천명의 나이테

전체 수록작품 70편은 한 시인을 구성하는 습작시절을 지나온 일단의 흔적을 보여준다. 시류에 물들지 않은 날것의 모습이며 정제되지 않은, 나 홀로 가꿔온 서정이기에 더욱 흥미롭게 읽었다. 앞에 말한 "김승봉 다움"이란 무엇일까? 시조의 내일을 위해 문제의식을 던지거나 새로운 실험정신으로 대상을 낯설게 하는 신선함과는 거리가 있지만 혼자만의 내밀함으로 서정성을 키워온 시인이란 생각이 든다. 시대의 아픔에 포커스를 들이대거나 작품 속에서 자신의 존재를 드러내기보다 시조의 창을 통해 자신을 단련시키고 키워가고자 하는 올곧은 마음을 읽을 수 있다.

갯벌에 반신半身을 묻고 지심에 꽂힌 녹슨 닻
외진 곳 바다 위에 교신 없이 닥친 풍랑
목 놓은 생명 앞에서 장승처럼 버티어라.

몰아치는 고뇌를 한 몸으로 감싸 안고
포개고 또 포개어 돌섬처럼 단단하다.
수천 길 아랑곳 않고 잠겨 사는 네 행로.

가뭇없는 물결에 까치발로 버티며
빈혈에 야위고 야윈 몸뚱어리 붙안으며
차라리 너울보다 먼저 갯벌을 딛고 선다.
-「닻」 전문

내가 나를 만난 것은 오랜 뒤의 일이다.
육체가 정신을 지배하던 젊은 날
스스로 덫에 걸려서 넘어지기 일쑤였다.

자명종 소리에 거듭거듭 나를 깨워
몸과 정신이 하나임을 알았을 때
비로소 지천명이 된 세월을 만났다.

묵언의 나이테를 그리고 조율하며
거울 바라보다 내게 던진 한 마디

"그대는 무엇으로 사는가?" 물음표를 던진다.
  － 「나에게 쓰는 편지」 전문

  바다와 시인은 뗄래야 뗄 수 없는 인과관계를 갖는다. 스스로를 드러내는 대상 또한 바다와 무관치 않다. 대충 일별해 봐도 시선이 바다로 쏠린 작품들이 주를 이룬다. 바다는 삶의 현장인 동시에 시련과 극복의 대상으로 설정되기 때문이다. 시인은 끊임없이 자신의 존재를 돌아본다. 「닻」의 첫수 초장에 놓인 "지심에 꽂힌 녹슨 닻"은 자신의 모습이다. 갑작스레 닥친 풍랑에 온갖 것들은 부유한다. 비록 녹슨 닻일지언정 "갯벌에 반신半身을 묻"은 채 안간힘으로 버텨내고자 하는 의지를 보인다. 그런 의지는 세월 속에서 "돌섬처럼 단단"한 모습으로 변해간다. 물결이 더욱 거세진다 해도 쓰러지지 않고 일어서려는 힘의 원천이 된다. 누구나 시련과 마주하면 극복 의지를 갖게 된다. 믿을만한 구석을 태생적으로 타고나지 못한 시인에게는 더욱 그러할 것이다.

  「나에게 쓰는 편지」에서는 그런 "나를 만난 것은 오랜 뒤의 일이다."라고 고백한다. '나'를 비로소 바라보는 나이는 지천명쯤이 되어야 한다. 육체는 성숙하였으나 정신의 성숙도는 그에 미치지 못한다. 그러므로 "덫에 걸려서 넘어지기 일쑤"였다. 녹슨 닻이 버텨낸 인고의 세월은 육체의 성숙과 함께 정신의 성숙으로 자리 잡는다. 가슴에 새긴 '묵언의 나이테'는 단단한 내면세계를 구축한다. 하지만 아직은 완성을 향해 가는 단계임을 부정하지 않는다. 거울 앞에서 더욱 진솔해 지고 싶다. "그대는 무엇으로 사는가?" 하며 물음표를 던지면서 자신을 뒤돌아보기를 게을리 하지 않는다.

  인용한 두 편의 시는 살아온 날을 반추하고 살아갈 날을 다짐하는 시인의 모습이 잘 그려져 있다. 누구에게나 삶은 간단치 않지만 이 시인의 경우도 만만찮은 내력을 상상케 해 주었다. 구구절절 말할 수 없으나 "자명종 소리에" 화들짝 깨어나는 숙명이라면 일정부분 알만하다. 하지만 지천명을 지나며 "너울보다 먼저 갯벌을 딛고" 일어서려는 의지에 고개가 끄덕여 진다. 시련 앞에 절망하지 않는 긍정의 태도는 시집 전편에 묻어난다. 이 긍정의 힘이 오늘날 한 시인의 삶을 떠받힌 토대가 되지 않았을까 생각된다.

3. 매혹의 도시 통영

시리도록 푸른 물빛 다도해로 태어나다
천둥과 비바람이 뭇 생명 잉태하고
침묵한 산의 향기가 피어나는 바다의 땅

국운이 위기일 때 승전보를 알리던 수향
한 마리 학의 비상 날개 속에 가둬버린
임진란 한산 대첩은 한민족 지존의 땅

비탈진 작은 밭을 일구는 손길에서
백의를 사랑하고 자연과 동행하는
토지란 웅장한 산맥 그려내신 문학의 땅

바람소리 파도소리 오선지에 새긴 음표
큰 바다 동서양을 이어주던 음악의 땅
산이여, 그대 그림자를 뒤따르고 싶습니다.
- 「미륵산에서」 전문

고향 집 앞마당에 섬 하나 떠있다.
바람만이 유영하는 남해바다 모퉁이에
밤이면 희미한 불빛 내 영혼을 키웠다.

넝쿨진 비바람이 흔적 없이 지웠다가
파도로 감금되는 겨울날의 청령포
때로는 더욱 선명히 바라보던 푸른 물빛

언젠가 꼭 한 번은 가고 싶은 남해바다
쉬이 갈 수 없었던 젊은 날의 밀물 썰물
지금도 간직하리라 가슴 속 비밀의 섬
- 「두미도」 전문

  인용한 두 편은 시인이 발 딛고 사는 통영에 관한 시다. 지역을 사랑하는 것이 곧 나를 사랑하는 일이다. 타관의 시인이 대충 스치며 쓰는 것과 지역을 지키며 구체적인 희로애락을 시에 담는 것과는 현격한 차이가 있다. 「미륵산에서 1」이 그 대표적인 예다. 이 시는 각 수 마다 소재를 달리한다. 첫수는 아름다운 바다와 육지를 두루 가진 통영을 예찬한다. "바다의 땅"이란 말은 몇 해 전부터 통영에서 통칭되고 있는데, "바다도 땅"이란 말의 문학적 수사다. 즉 육지뿐만 아니라 넓은 바다 역시 통영임을 강조하는 말이다. 그곳에는 수많은 전설이 있고, 개척의 역사가 있다. 둘째 수는 미륵산에서 바라본 한산대첩을 이룬 역사의 바다를 일컫는다. 한산대첩이 없었으면 해상권을 잃고 영영 일본화 되었을 수도 있었기에 "지존의 땅"으로 표현한다. 그리고 셋째 수와 넷째 수는 각각 박경리, 윤이상 등 통영의 인물을 노래한다.

「두미도」는 가슴에 간직한 이상의 섬으로 읽힌다. 어릴 적 "고향 집 앞마당"에선 등대처럼 작은 섬 하나가 있었다. 그 미지의 섬은 소년에서 청년이 되기까지 꺼지지 않는 대상으로 가슴에 남아 있었다. 낚싯배 사업을 하는 지금이야 수차례 두미도에 가보았겠지만 어릴 적 품은 그 섬은 미지의 섬으로 남겨 두고 싶다는 심정이 잘 드러난다. 향수만큼 시심을 자극하는 것이 있을까. "젊은 날의 밀물 썰물"은 잊혀졌다 되살아나는 숱한 사연들을 집약한 표현이다.

이 두 편 말고도 「딸에게」, 「통영누비」, 「불혹」, 「매물도에서」, 「붉은 바다」, 「가는개細浦 마을 소묘」, 「용화사 가는 길-전혁림 화백께」 등이 직접적으로 통영을 소재로 쓰였다. 이곳을 모르는 독자들에게는 꿈을 심어주기도 하고, 다도해와 리아스식 해안 절경의 아름다움을 전해주는 시편들이기에 충분한 가치가 있다고 하겠다. 덧붙인다면 멋진 풍광과 승리의 역사를 넘어 근현대사를 지나오면서 입은 도시의 상처와 아픔, 시의 본연인 갈등과 성장통 등에 대해서도 눈길을 고루 주었으면 어땠을까 하는 아쉬움이 묻어나긴 하지만.

4. 시의 행간에 숨은 그윽한 향기

밤새도록 뻐꾹새 울어 쌓던 늦은 봄날
멀미의 그루터기 마른 흙에 금을 긋고
빠알간 속살을 품은 대궁 하나 내밀다

한낮 햇살 따사로이 청보리 익어가고
튼실한 뿌리의 생은 푸른 꿈으로 물들다
영그는 봉오리마다 찾아드는 산들바람

어제 모란 지고, 오늘 작약 핀다
주고받은 언약도 없이 계절은 분주하다
뜨거운 오월의 햇살, 고단한 신열의 뜰
-「작약이 핀다」전문

벤자민 한 그루와 동행을 약속한다
이른 아침 흩어졌다 지친 몸으로 찾아들면
초록이 드리운 그늘 포근한 침상이 된다

텅 빈 거실에서 반려의 숲을 위해
조금씩 잎을 키워 공간을 채워가며
스스로 커튼을 열고 공기를 비질한다

초인종 울리면 짐짓 제자리로 가
잎새는 잎새끼리 가지는 가지끼리
청정한 도량이 되어 영혼을 헹궈낸다
- 「벤자민과 살다」 전문

  시집의 제호로 쓰인 「작약이 핀다」는 어떤 상징성을 갖는가? 모란이 지면 곧바로 작은 함지박을 닮은 작약이 핀다. 작약의 꽃말을 "수줍음, 부끄러움"이라고 한다. 그렇게 보면 모란을 남성의 꽃이라 하고, 작약을 여성의 꽃이라고 하는 것이 어색하지 않다. "빠알간 속살을 품은 대궁"은 꽃의 생태뿐만 아니라 잉태하는 자궁의 빛깔과 닮았다. 뿌리가 있는 생은 무한긍정의 시심으로 나타난다. 이렇듯 작약은 수줍게 세상의 문을 여는 시인의 시들과 맥락이 유사하다. 허공이 피워낸 꽃이 아니라 지상의 모든 것들과 교감하고 갈등하며 피워낸 뿌리의 산물임을 강조한다. 차례로 피고 지는 봄의 왕성함은 "뜨거운 오월의 햇살, 고단한 신열의 뜰"에서 절정을 이룬다. 이처럼 시들 역시 신열의 뜰을 통과하며 피워낸 결과물인 것이다.
  「벤자민과 살다」 역시 '동행'을 약속하는 시인의 심지가 잘 묻어난다. 벤자민은 익숙한 식물이다. 잎의 질감도 좋고 무성히 잘 자라는 장점도 있다. 거실에 함께 사는 초록빛 식구다. 식구들이 일터로 떠난 거실에서 탁한 공기를 정화하는 몸짓에 돋보기를 들이댄다. 벤자민의 쉼 없는 정화 작용을 "스스로 커튼을 열고 공기를 비질한다"로 의인화한 것은 상당한 내공을 보여준다. 연시조를 풀어가는 힘이 좋고, 구와 구의 보법도 안정되어 있다.

5. 절제와 응축의 미학

쓰고 남은 시간들을

자투리로 모아두고

하늘도 쉬어 가고

땅도 쉬어가는

깊은 산

바람을 따라

길 떠난

사람아.
-「윤달」전문

섬에서의 한 생애
쌀 몇 말 먹었더냐?
그래도 주려 죽은

이름은 없었다네
빼떼기
죽 한 그릇으로
보릿고개를 넘었다네
-「빼떼기」전문

인용한 두 작품은 절제와 응축의 미학이라는 시조 본질을 지켜내려는 노력을 엿볼 수 있다.「윤달」은 생략과 감각적인 시어 구사를 통해 상상력의 행간을 메우고 있다. 윤달은 달을 기준으로 하는 태음력太陰曆의 소산으로 태양력과 날짜를 맞추기도 어렵고, 계절의 추이를 정확하게 알 수도 없기에 날짜와 계절의 불일치를 해소하기 위해 만들어진 달이다. 그래서일까 혼사날도 좋고, 수의를 만들어도 좋으며, 불공을 드리면 치성의 힘으로 극락에 통하는 달이라고도 했다. 이런 어려운 개념과 설명이 필요한 부분을 "쓰고 남은 시간들을/자투리로 모아"두었다고 표현한다. 손에 잡히지 않는 시간의 자투리가 어디 있을까만 감각적인 표현을 통해 치열 어긋난 세월을 맞추기 위해 만든 윤달을 훌륭히 그려낸다.

사연만으로 얘기하자면「빼떼기」만한 것이 있을까. 햇살 좋은날, 아낙들은 고구마를 썰어 쪄 말렸다. 보릿고개 지나며 시쿰한 빼떼기에 쌀 한 줌과 소다를 넣고 죽을 쑤어 한 끼를 나곤 했다. 빼떼기는 섬사람들의 대표적인 구황식품이었다. 그 하고 많은 사연을 "섬에서의 한 생애/쌀 몇 말 먹었더냐?"라 표현한다. 지금은 웰빙식품으로 인기가 높지만 당시를 기억하는 사람들에겐 눈물의 이력서가 아닐 수 없다. 단수로 그려낸 빼떼기를 산문으로 엮으면 수필 하나는 거뜬히 탄생할 것이다. 물론 절제와 응축만으로 시조가 완성되지는 않는다. 적절한 메타포를 사용하여 긴 사연들을 짧게 엮어내는 세련된 기교와 독창적이고 개성적인 시선이 수반되어야 한다. 그런 의미에서 위에 예를 든 두 작품은 가작이 되었다.

　오랜 기다림 끝에 고고성을 울리며 탄생한 시집에 박수를 보낸다. 급히 걸으면 쉽게 숨이 찬다. 시인은 고통의 축제를 즐기는 사람이다. 타인의 고통마저 함께 노래하며 축제로 승화시킬 때 진정한 소명을 완수한다. 그러므로 천천히 먼 길을 가는 자세를 가다듬어야 한다. 일취월장한 제2시집을 기다린다.

현대성을 향해 가는 명랑한 음표音標

김민지 시조집 『타임머신』을 읽고

1. 시작詩作은 심원의 소리를 들려주는 행위

시조인 김민지의 처녀 시조집 원고를 읽었다. 시인에게 첫 시집의 무게는 묵중하게 다가온다. 시작詩作은 심원의 소리를 들려주는 행위이고, 시집은 살아온 만큼의 흔적을 적나라하게 드러냄으로써 새롭게 그려갈 이정표를 엿볼 수 있게 하는 척도이기 때문이다. 무엇보다도 지금까지 자신이 그려온 삶 속에서 심상 어느 곳에 시가 위치했는가를 알주는 동시에 "왜 시인가? 왜 시인이어야 하는가?"에 대해 스스로 증명해야 하는 쉽지 않은 과제를 선택받는 일이기도 하다. 그 인장이 찬란하면 빛을 감당하기 어렵고, 미운 화인에 눈길이 가면 그 흔적을 지우기 위해 부단한 싸움을 계속 해야 한다. 지금까지의 시는 내 것이었지만 이제부터는 나를 떠난 객관적인 존재로 변환되므로 찬사와 비판에 대한 무한책임 또한 당연한 것이다.

경남 고성 지역에서 시조를 쓰고자 하는 노력은 중요한 의미를 갖는다. 고성의 현대문학사와 시조는 매우 밀접한 관계를 갖고 있다. 6·70년대 지역문단의 어려움은 짐작되고도 남는다. 그럼에도 불구하고 이 시기의 고성은 시조의 고장으로 태동되고 곧바로 전성기를 구가한다. 60년대를 열면서 한국 시조사에서 걸출한 시조인으로 평가받는 서벌이 문단활동을 시작했으며, 이어서 김춘랑이 등단하였고, 70년대에도 선정주, 이문형, 정해송 등의 시조인들이 나오면서 고성 시조의 굳건한 맥은 이어졌다. 김민지 시인은 그 비옥한 자양분을 토대로 새로운 시조의 밭을 일구려 한다.

여기서 또 하나 우리가 눈여겨봐야 할 부분이 있다. 시인은 고향에서 봉사단체를 이끄는 중추이기도 하고, 지역신문을 통해 뉴스를 생산하고 전달하는 지역문화운동가로 활발한 활동을 하고 있다는 점이다. 한 마디로 시에 매몰된 시인이 아니라 오늘 현재 이곳에서 부여받은 일들을 성심껏 해내면서 그 알갱이들을 채에 쳐 시를 건져내고자 노력하는 사람이다. 그런 소명을 실천하기 위해 다섯 명의 시조인과 함께 고성 시조를 계승 발전시키기 위해 나름 부단한 노력을 했다고 한다. 물론 처음 의욕만큼의 성공에는 이르지 못했지만 천천히 그러나 쉼 없이 그 길을 가고자 한다.

2. 단수 정형을 위한 절차탁마의 시간

때로는 형식이 시를 지배할 때가 있다. 이 시인의 경우는 그 부분에 큰 방점이 찍혀진다. 단형으로 완성할 수 있다면 굳이 연시조를 쓸 필요는 없다. 일별해 보면 전체 59작품 가운데서 2수 이상의 연시조는 13편이며 나머지 46편은 단수로 창작했다. 귀에 못이 박히도록 하는 말이지만 시조의 궁극은 3장 6구, 단수이다. 그러므로 기본에 주안점을 두고 창작하려는 노력은 아무리 강조해도 모자람 없는 최고의 미덕이다.

> 마지막 불길을 뿜는 저녁놀을 풀어놓고
> 한사코 서쪽으로 기울어지는 시린 발
> 오늘도 잘 살았구나 목메는 빈말들
> -「황혼」전문

> 별들이 내려앉는 지붕도 없는 집에
> 늦은 봄 산벚나무는 어쩌자고 저리 환해서
> 천지간 기별도 없이 왔다가 가시는가
> -「너에게」전문

> 빛의 사제인가 어둠의 유령인가
> 언제나 함께 했던 그대의 발자국들
> 한밤 내 소리도 없이 사라졌다가 나타났다가
> -「그림자」전문

무작위로 3편의 작품을 인용해 보았다. 여기서 보면 김민지 시인은 단수 정형을 위해 절차탁마의 시간을 잘 수행해 왔다는 점이다. 신인의 경우, 구와 구, 장과 장의 매듭을 지을 때 마디를 구성하는 호흡의 미숙으로 구의 불완전성이 드러나는 경우가 더러 있다. 그러다 보면 자연 초장의 사연들이 다음 중장으로 넘어가 장과 장끼리 충돌하는 예를 종종 볼 수 있다. 그런데 이 작품들은 그런 우를 범하지 않고 자연스럽게 구와 구, 장과 장을 연결 짓고 있다.

「황혼」을 살펴보면, 초장에서 무심한 듯 노을 최후의 숨결을 툭! 던져놓고, 중장에선 안간힘을 다해 보지만 기울 수밖에 없는 사연을 풀어놓는다. 그리고 종장에선 그 또한 순명임을 느끼면서 안타깝지만 "오늘도 잘 살았구나"하며 자신을 위무하듯 끝을 맺는다. 이는 던지고(초장), 풀고(중장), 맺는(종장) 시조의 전형성을 잘 드러내고 있다. 「너에게」 역시도 잠시잠깐 곁눈질하는 사이에 꽃피우고 떠나는 산벚나무의 생태를 3장 6구 속에 아련히 그려낸다. 그러면서도 종장 첫 마디 "천지간 기별도 없이"란 구절을 통해 눌러둔 비애의 심상을 슬쩍 드러냄으로써 꽃과 그리운 대상을 병치시킨다. 자칫 단순함에 그칠 뻔한 서경을 서정으로 치환시켜 여운이 남는 한 수를 완성한다. 이는 「그림자」에서도 여지없이 재현된다. 초·중장에선 그림자의 속성을 무심한 듯 얘기하지만 종장 첫 마디 "한밤 내 소리도 없이"를 통해 아침 그림자 너머의 그 무엇을 은연 중 떠올리게 하여 서정의 무게를 더한다. 이처럼 일부러 의도하지 않았지만 초·중장을 통해 던지고 풀어헤친 대상을 종장에서 와서 자연스레 결구結句로 맺는 충실함은 시조 형식을 제대로 지켜가고자 하는 노력의 일단으로 보인다. 이런 안정감 속에서 피어나는 서정성은 독자를 시 속으로 몰입시키는 장점이 된다.

3. 은유로 정제한 비애미悲哀美

사람이 죽으면 28그램이 빠져나간다는데
사라진 28그램은 어디를 떠도는가
불멸의 영혼을 담은 흑백사진 달랑 한 장
-「영혼의 집」전문

어느 날 갑자기 기억들이 사라지면
집으로 돌아갈 길 찾을 수나 있을까
떠날 때 챙기지 못한 내일이라는 약속
-「미래요양원」전문

깊은 밤 잠들지 못하는 신호등일까
몸살 앓는 어쩌면 첫사랑의 신열인가
한밤 내 뜬소문처럼 빈 가슴을 훑고 간다

나이 들면 세월이 급류를 타고 도망간다는데
윤사월 소나기처럼 억수 같은 떨림이
어쩌면 마지막으로 내게도 남았을까

제세동기로 심장을 한순간 살려내듯
반만 남은 온기를 뜨겁게 달구듯이
아침에 새날이 온 듯 다시 채워지는가
-「초승달의 항로」전문

형식은 내용물을 담기 위한 그릇이다. 물론 그릇에 금이 갔거나 미려하지 않다면 의도와는 다르게 입맛을 충족시킬 수 없다. 그러나 그릇을 빚는 솜씨에 믿음이 간다면 음식 맛 또한 궁금하지 않을 수 없다. 아무리 좋은 재료를 써도 게미가 없으면 그 손맛에 의문부호가 붙는다. 이 시집의 일관된 서정은 은유로 정제한 비애미悲哀美라 할 수 있다. 하지만 그 비애는 영탄에 몸서리치거나 눈물을 수반하지 않는다. 그 은근함은 전편에 걸쳐 나타난다.

이런 정조는 뜬눈으로 밤을 새운, 애틋하고 달디 단 정한과는 다르다. 그렇다면 "뜬소문처럼 빈 가슴을 훑고" 가는 대상은 누구인가? 인용한 시들에서 보면 어쩌면 피붙이에게서 느끼는 숙명의 비애로 드러난다. 「영혼의 집」에서 밝힌 달랑 한 장 남은 흑백사진과 "사라진 28그램"은 누구의 것인가? 누구라고 지칭하지 않았지만 어렵지 않게 읽힌다. 「미래요양원」도 비슷한 맥락으로 이해된다. 여기서 '내일'은 희망의 여명과는 다르다. 어쩔 수 없이 견뎌내야 하는 아픈 오늘의 연장선상에서 맞는 예견된 내일일 뿐이다.

이와 연장선에서 만난 시 「백세시대」는 더욱 직접적이다. "살다보니 어느 사이 아무도 없다/자식들 그늘은 너무 멀어 닿지 않고/오늘도 약봉지 끼고 물밥을 밀어 넣는다//오래 사는 것이 축복인가 저주인가/마지막 이십 년은 요양원 침대라는데/두려운 마지막 소원은 자는 잠에 가는 것" 이 작품은 은유를 배제하고 곧바로 대상을 향해 간다. 그러다 보니 시적 완성도는 급격히 떨어진다. "오래 사는 것이 축복인가 저주인가"에 이르면 그동안의 인내는 무너지고 만다. 시는 늘 그렇다. 코미디언이 먼저 웃으면 관객은 웃지 않는다. 시도 그렇다. 이런 과정을 슬기롭게 건너지 못하면 공감의 폭은 줄어들고 만다.

그런 아쉬움을 뒤로 하고 다음 시「초승달의 항로」를 읽는다. "나이 들면 세월이 급류를 타고 도망간다는데/윤사월 소나기처럼 억수 같은 떨림이/어쩌면 마지막으로 내게도 남았을까". 대부분의 시들이 화자를 설정하지 않았는데, 이 시는 "내게도 남았을까"하며 자신으로 설정한다. 비슷해 보이지만 다른 시들의 정조와는 다르다. 셋째 수 종장 "아침에 새날이 온 듯 다시 채워지는가"에 이르면 숙명처럼 받아들여야 하는 아픔에 머물러 있지 않고 비워졌다 채워지는 달의 항로처럼 새로운 희망을 전하고 싶어 한다.

그렇다면 이 시의 대상은 전혀 다른 누구인가. 그렇지는 않을 것이다. 채워지지 못한 빈 자리 역시 칼로 도려낼 수 없는 인연으로 읽힌다. 일반적인 비애가 아닌, 피붙이와 관련된 비애는 복합적이다. 그렇게 인식되는 작품은 1부와 2부를 구성하는 중요한 요소이다. 대충 읽어봐도 「그대 생각」,「추억의 유통기한」,「라일락이 있던 집」,「빈집」,「부생모육지은父生母育之恩」,「사모곡」,「인연」 등 여러 군데서 나타난다. 시인도 어느덧 어머니 된 입장에서 지순한 모정의 내리사랑을 감당하기 쉽지 않다. 하지만 어쩌랴. 그 또한 벗어나야 할 것이라면 달의 항로처럼 변화하고 극복해야 할 대상이지 않을까.

4. 현대성이란 옷으로 갈아입다

봄까치꽃은 살얼음 건너서 쏜살같고

강변 생강나무는 꽃샘추위 밟고 오고
어느새 무릎 아래에서 낭창낭창한 목소리들

오래전 본 듯한 순하디 순한 눈망울이
먼 거리 파문지듯이 한지에 먹물 번지듯이
지구별 한 귀퉁이가 눈부시게 흔들리지
-「봄」전문

먹구름 하나 가득 하늘을 덮더니
세찬 비바람이 겁도 없이 쏟아진다
간절한 소망 하나가 망망대해를 건너간다
-「간절곶」전문

 창작 연도에 대해서는 알 길 없지만, 분명 3·4부에 오면 1·2부를 극복하고자 하는 노력이 잘 드러난다. 1·2부 전체를 적시고 있던 개인사적 비애는 극복해야 할 대상이었다. 나의 주관적 슬픔은 좀처럼 객관적인 것으로 치환되지 않는다. 공감은 그리 쉽게 얻어지지 않는다. 그런데 3·4부에서는 그런 우려가 의외로 극명히 극복되고 있다. 그 사이 간극의 이유는 모르지만 시는 한결 편안하게 읽힌다. 시적 완성도 역시 이와 비례한다. 「봄」은 데자뷰처럼 "순하디 순한 눈망울"을 하고, "지구별 한 귀퉁이"를 "눈부시게 흔"든다. 봄의 환희는 비애를 벗어던지고 가볍게 연둣빛 경쾌함으로 다가온다.
 「간절곶」에 오면 시의 본령인 언어유희를 동반하는 여유를 보인다. 동해안 간절곶은 동해안에 돌출된 암석해안이다. 간절곶이란 이름은 "먼 바다에서 이곳을 바라보면 대나무로 만든 긴 간짓대처럼 보인다 하여 붙여졌다."고 한다. 그러므로 여기서 '간절함'과 '간절곶'은 전혀 연관이 없다. 그런대도 이 두 단어는 절묘하게 조화된다. 갑작스럽게 간절곶 하늘을 덮는 구름이 비를 쏟아 내린다. 가까이에서 시작된 장대비는 수평선 향해 맹렬히 달려간다. 망망대해를 향한 그 맹렬함은 간절한 소망처럼 거침없다. 동해에서 만난 비는 소망을 간직한 시인의 것과 동일시된다. 그 대상과의 일치는 독자에게 카다르시스를 안겨준다. 이런 '통通함'은 1·2부에서 느낄 수 없는 자연스러움이기에 시 읽는 맛을 한결 살려준다.

느닷없는
소나기가
도로를 질주한다

혼비백산
흩어지는
사람들, 그림자들

다급한
목소리만이
젖지 않고 명랑하다
-「소나기 습격 사건」 전문

빗물이 마른 나무를 계속해서 찌른다
봄날의 저격수인가 꽃들의 수혈인가
세상이 폭탄 터지듯 온통 붉다, 온통 저리다

뼈 없는 마음으로, 가장 느린 걸음으로
속내를 감추고, 울음도 감추고
정처는 동가식서가숙 홀가분하겠네 쓸쓸하겠네
- 「달팽이가 있는 저녁」 전문

간절곶에서 시작된 소나기는 느닷없이 도심 하늘로 건너와 거리를 때린다. 모두가 젖는다. 아무도 피할 재간이 없다. 하지만 그 비는 왠지 모를 음습함과는 전혀 다르다. 눅눅한 비애를 동반하지도 않는다. 스타카토로 건너오는 피아노 음률처럼 명랑한 음표를 그려낸다. 그래서 「소나기 습격 사건」이란 세련된 옷으로 갈아입는다. 이것이 바로 현대성이다. 물론 눈물이 뚝뚝 떨어지는 처절함이 현대성과 배치된다는 것이 아니다. 처절함 속에 나를 가두어 처절함의 절대치를 보여줄 때 비로소 좋은 시는 완성된다. 그러나 그런 경험은 쉽게 얻어지지 않는다. 그러므로 어떤 대상을 객관적인 상관물로 보여줄 때 더욱 극명해 지는 것이다. 이제 비는 더 이상 우울함의 상징이 아니다. 질주하는 차들과 황급히 피하는 사람들과 같은 음계를 가진다.

「달팽이가 있는 저녁」의 상상력은 충분히 재미있다. 어느 비 오는 저녁, 달팽이는 나무에게 신선한 피를 수혈하는 저녁을 보고 있다. 비가 내리는 것이 아니라 주사 바늘로 마른 가지를 찌르듯 내린다고 말한다. 시

인은 건조해진 겨울 나목에 수액을 공급하기 위해서는 뿌리의 삼투압만
으로는 부족하다고 느낀다. 봄날의 비는 "꽃들의 수혈"로 표현된다. 그러
므로 투명한 빛깔의 비는 온통 붉음으로 그려진다. 이런 봄날을 달팽이가
가고 있다. 그 느긋한 걸음으로 인해 마음에도 뼈가 없다. 울음도 기쁨도
다 게워낸 봄날 오후, "동가식서가숙"하며 통달한 듯 세상을 건너간다. 그
모습은 홀가분함인 동시에 조금은 쓸쓸함으로 나타난다. 신선하다. 이 신
선함은 현대시조가 지향하는 현대성이다.

시조는 700년의 전통 위에 서 있다. 하지만 그 전통이 현대를 담아내지
못하면 진정한 전통이라 보기 어렵다. 계승은 답습이 아니다. 조선조에는
조선도 다운 것에 충실해야 하고, 현재는 현재의 것에 충실해야 진정한
전통이 계승된다. 그러므로 현대적인 노력은 아무리 강조해도 지나치지
않는다. 현대의 독자가 없는 시조라면 이미 그 생명은 다한 것이다. 시조
인이라면 누구든 그 명제에 충실해야 할 의무가 있다.

5. 과제, 무엇으로 시조를 윤택하게 할 것인가?

고성 역사의 근원을 찾아가면 가야의 한 왕국이었던 소가야에 닿는다.
소가야는 변진고자미동국을 토대로 발전했다. 그 오롯한 역사와 고성문
학이 무관치 않으리라 싶다. 그 길을 먼저 걸어간 6·70년대 선배 시조인
들의 길은 물론이거니와 역사의 시계를 조금 더 과거로 돌리면 도산서
원·갈천서원·곤의서원·유촌서원·위계서원·도연서원 등 유학문화재도
많다. 공룡발자국으로 대표되는 백악기의 역사도 오롯이 간직하고 있는

곳이다.

　김민지 시인은 지금까지 여기서 살고 생각하는 시조인이고 싶어 한다. 누구보다 지역의 것에 대한 애정도 많다. 그것은 피해가지 못할 즐거운 시인의 운명이다. 그동안 다양한 변모를 통해 시의 길을 다듬어 왔다. 그 습작의 결과물을 이번 첫 시집에 담아내었다. 어차피 첫술에 배부를 순 없다. 고성항을 떠난 배는 나의 뜻과는 상관없이 파도에 휩쓸리기도 한다. 그런 과정을 겪은 후에라야 기항지에 닿을 수 있다. 지금까지는 "시조는 무엇인가?"하는 명제를 놓고 씨름했다면 이제부터는 "무엇으로 시조를 윤택하게 할 것인가?"를 고민하는 시인이기를 바란다. 다행히도 고성은 수많은 유산을 간직한 고장이다. 더 이상 책 속의 유산으로 존재하게 내버려 두지 말고 작품 속에서 새롭게 되살려내는 노력을 해 준다면 훌쩍 커버린 시인을 만나게 될 것이다. 시조를 향한 먼길, 이제 시작이다.

촛불의 다비식을 위한 탐구

나를 그늘 지어줄
나무가 너무 작다던
그 사람을 새긴다
뭉텅뭉텅 무딘 날로

빛바랜
연하장 속엔
희미해진 길이 둘
– 「함박눈 오시는 날」

막을 열며 – 부모님께 바치는 헌정시

 가끔 황영숙 시인과 만나면 대화의 시간은 길어진다. 그녀가 풀어놓는 이야기 소재는 풍성하다. 활달한 성격도 성격이지만 예술 전반에 대한 관심과 애정이 많기 때문이다. 본인이 천착하고 있는 시조는 물론 상상력의 한계를 뛰어넘는 최근 젊은 시인들의 시, 무라카미 하루키의 소설, 팝아트나 개념미술, 퍼포먼스 등으로 옮겨 다니기도 하고, 절간에서 갑자기 뉴욕으로 건너뛰기도 하는 등 퍽 자유롭다. 2011년 월간 《유심》 신인상으로 등단하였으니 문단활동은 10년 정도가 되었다. 등단 훨씬 이전부터

문학을 꿈꾸었으니 오래 갈무리해 둔 것들이 봇물처럼 터져 나오는 것은 당연한 이치다. 거의 8할은 내가 듣는 편이지만 그로 인해 상식이 넓어지는 계기가 되기도 한다.

그래서일까. 이번에 선보이는 시조 60여 편은 잘 짜여진 연극 한 편 같다. 5부로 나뉜 작품들은 작은 주제로 연결된 서사적 구도가 뚜렷하다. 그렇게 배치한 것은 나름 다 이유가 있을 테고 이 글을 쓰다 보면 자물쇠는 풀릴 것이라 여겨진다.

그녀의 독백을 따라 문을 열고 들어가면 희미한 불빛이 새어 나온다. 그리고 곧바로 막이 열린다. 무대 위엔 고인이 된 아버지와 건강이 썩 좋지 않은 어머니(지난 여름 별세), 손녀인 듯 다소곳이 앉은 3대가 등장한다. 주인공인 황영숙 시인은 아직 무대에 오르지 않았다. 작은 조명 하나가 객석에서 조용히 시를 읊조리는 시인을 비춘다.

그녀가 그린 연하장 속엔 희미해진 길이 둘 보인다. 하나는 먼저 가신 아버지의 길이며 다른 하나는 기억의 강을 건너다 물끄러미 바라보는 어머니의 길이다. 첫 무대를 여는 「함박눈 오시는 날」은 부모님께 바치는 헌정 시 치곤 단아하다. 애틋한 딸(시인)에게 아버지가 지어준 꿈의 집에서 아버지는 커다란 느티나무이고 싶었지만 기원만큼 나무는 울창하지 않았고, 그래서 쉬어갈 그늘도 작다며 안타까워하셨다. 그 아버지에게 바치는 사부곡으로 연극은 시작된다.

제1막- 우리 시대의 자화상

'아침 식후 30분

저녁 식후 30분'

진해 우체국 소인 찍힌 역류성 식도염 약
어머니 손수 쓰신 처방 전 태평양을 건너 왔다

불혹을 넘기도록 겉도는 이방에서
사는 일 왈칵왈칵 신물 올라 올 때마다

몇 알씩
평정을 삼킨다

매일 아침
매일 저녁
-「매일 아침 매일 저녁」

　어머니의 하루는 또 그렇게 건너간다. "태평양을 건너", "겉도는 이방" 등에서 보면 가족 중 누군가가 태평양 건너 먼 이국에 있다는 뜻이다. 어머니는 역류성 식도염을 앓는 환자다. 그런데 "왈칵왈칵 신물 올라"의 생략된 주어는 어머니가 아니라 타국에 있는 누군가로 지칭된다. 결국 평정의 약을 삼키는 이는 어머니이기도 하고 먼 이국에서 어머니를 그리워하는 가족 중 일원이기도 하다.
　한 사람의 아픔이 어찌 혼자만의 아픔이겠는가. 그리움이란 이렇듯 순화되지 않는, 먹은 음식이 역류하며 목이 메이는 현상과 같은 것이다. 한국의 어머니들은 대부분 그러하다. 누워도 편안하지 않는 불안정한 자세 때문에 위장에 고인 내용물이 식도 가까이로 역류하는 역류성 식도염을 앓는 경우가 허다하다. 이 작품은 주인공인 환자 본인은 말할 것도 없고, 옆에서 바라보는 이도, 먼 타국에 있는 이도 함께 역류성 식도염을 앓는 모습을 보여준다.

  이 시대를 살아가는 우리는 대부분 순환장애를 앓는다. 소통 구조는 날로 진화하는데 사람 간 불통의 시간은 길어진다. 그럴 때마다 평정의 알약을 삼켜보지만 그 마저 역류를 경험하곤 한다. 표제 시「매일 아침 매일 저녁」은 한 가족사에 관한 이야기를 넘어 이 시대를 사는 모든 이들의 자화상으로 읽힌다.

    먼 길 가시기 전 치러야 할 수순처럼
    의자에 곱게 앉혀 분단장 해 드렸다
    골목길 돌아 나오다
    말을 잃은 우리 엄마

    카메라 셔터소리 눈치껏 들으셨나
    가슴을 쭉쭉 펴며 마스크도 벗으신다
    어느 먼 소리의 지배자가
    삼켜버린 음성언어

    아에이오우 선창 따라 온몸으로 뱉는 말이
    목젖의 뒤편으로 수시로 감겨들어

헛웃음 자꾸 웃으신다
틀니가 삐걱댄다

혼잣말 웅얼웅얼 무성영화 같은 말
어쩌다 포착해 낸 모음의 첫 음절이
렌즈에 잔상으로 남아
종일 흘러나온다
-「옹알이」

　치매를 앓는 어머니와 가족 간의 교감을 실감나게 표현한 작품이다. 이미 말문을 닫은 어머니와 간절하게 대화를 시도한다. 웃음으로만 대답하다가 시간이 지나면서 조금씩 입을 여신다. 그 모습이 흡사 옹알이를 하는 듯하다. 눈에 넣어도 아프지 않은 대상과의 교감으로 말문은 조금씩 트이게 된다.
　"의자에 곱게 앉혀 분단장 해 드렸다"는 구절은 이승과 저승의 경계에서 자식이 해 드리는 마지막 예의다. "아에이오우 선창 따라 온몸으로 뱉는 말"은 말을 잃은 어머니가 처음으로 말을 불러내는 제의처럼 숙연하다. 하지만 "헛웃음 자꾸 웃으"시며 "틀니가 삐걱" 댈 뿐이다. 비록 "혼잣말 웅얼웅얼 무성영화 같은 말"이지만 얼마나 아름다운 광경인가. 외손녀는 이런 광경을 카메라로 담고, 동영상으로 찍어 훗날을 추억하고자 한다.
　임권택 감독의 영화 〈축제〉에서 할머니는 나이를 손녀에게 나눠주면서 아이가 되어가고, 손녀는 할머니의 세월을 얻어 성장해 나가는 모습이 손에 잡힐 듯 그려진다. 할머니와 손녀가 교감하는 이 부분만큼은 애니메이

션으로 처리하여 영상을 동화적으로 연출한다. 이 4수의 시조가 그 영화 한 편의 감동과 진배없다.

　화자는 시인 본인이지만 그 교감의 대상은 시인의 어머니와 딸이다. 다시 말해 할머니와 외손녀의 시간을 객관화시켜 그려내고 있다. 이 아름다운 고통의 순간을 견디며 딸은 시조를 짓고, 외손녀는 이 광경을 영상으로 녹화하여 자신이 추구하는 미술 세계로 승화시킨다. 제목은 둘 다 「옹알이」이다. 이 교감의 주체는 미국에서 활동하는 개념미술 화가인 셈이다. 3대가 그려나가는 가족사진이 이채롭다. 이 글의 서두에서 시인의 대화가 태평양을 건너뛰고 팝아트로, 또는 개념미술로 활발히 옮겨가는 이유가 궁금했는데 그 퍼즐이 맞춰지는 부분이 바로 여기 있다.

　시조의 기본 음수율인 3장 6구에 갇히다 보면 자칫 시를 잃을 수 있다. 음수율은 지키되 소재와 주제의 자유자재함은 언제나 견지해야 한다. 좋은 시조 창작을 위해서는 반드시 잊지 말아야 할 부분이다. 다행히도 황영숙 시인의 환경은 활짝 열려 있기에 미래는 밝아 보인다.

제2막 - 기다림, 발효의 시간

　　상처도 곱게 아문 툇마루 골을 따라

　　다 닳은 승복 한 벌 허물처럼 벗어 놓고

　　스님은 어디로 가셨나

반쯤 열린 적막 한 채

'기다림이 발효지요. 발효가 곧 성불이지요'

그 말씀 그 뜻대로 익어가는 골짜기

해종일 장독대만 닦는

불두화가 사는 집
 -「안국사」

  다시 조명이 켜지고 제2막이 시작되면 무대는 적막하다. 1막에서 보이던 가족 간의 사변성에서 벗어나 언어는 안으로 조이고 서정성은 더욱 짙어간다. 시조의 보법은 유장할 땐 유장하게, 단아할 땐 단아하게 호흡을 고를 줄 알아야 한다. 이 시는 후자를 택한다. 말을 줄이는 대신 행간을 늘여 상상력의 진폭을 넓혀준다.
  시인은 경남 고성에 다소곳이 앉은 절 '안국사'를 자주 찾는가 보다. 하긴 안국사가 아니라도 좋다. 허허로운 어느 날, 마음 부려놓을 절간 어디라면 어떤가. 불두화는 흐드러지게 피어 있고, 아무렇게나 승복을 벗어놓은 스님은 보이지 않는다. 황동규 시인은 「오어사에 가서 원효를 만나다」란 시에서 "원효가 없는 것이 원효 절다웠다"라고 썼다. 그렇듯 "반쯤 열린 적막 한 채"의 절간은 비어 있어 더 좋다. 절에 닿자마자 범종 소리를 듣고, 틀어 놓은 스피커의 염불 소리를 듣는다면 속세와 다를 게 무엇인가. "기다림이 발효지요. 발효가 곧 성불이지요" 이 말 외에 더 할 말이 없다. 절도 익어야 절이고 스님도 익어야 스님이다. 절간도 시도 스님도 익어서 서로 발효되고 있다.

천 리

물길이면

그 말씀에 이를까

만 번

도움닫기면

그 뜻을 헤아릴까

얼마나

더 사무쳐야

영취산에 가 닿을까
- 「매미」

"매미"도 다 울고 나면 성불에 이를까. 대충 일별해 보아도 "견성암", "불일암", "서운암에서" 등 절을 노래한 시들이 여럿인 걸 보면 시인은 불자佛子인 모양이다. 하긴 무슨 상관이랴. 이 시조는 응축에 응축을 기하려 노력했다. 시조의 기본이 단수라고 하지만 사실 단수가 더 어렵다. 습작시절 단수에 얽매이다 시조와 작별하는 사람들이 더러 있다. 고무신에 담긴 물을 보면서 파도와 수평선을 떠올리게 한다면 분명 좋은 시조이리라. 그냥 고무신에 고인 물에 불과하다면 굳이 시로 써야 할 이유가 있을까. 긴 이야기를 45자로 줄이면 단수가 되고 더 줄이면 속담이나 격언이 된다. 그러므로 축약된 단수일수록 더 많은 뜻을 함의하고 있을 때가 있다.

매미는 해종일 운다. 침묵과는 거리가 멀다. 그러나 그 신산한 울음의 끝엔 고요와 적막이 있다. 시인은 울어서 까맣게 타버린 매미를 통해 영취산을 떠올린다. 물론 원래 지명은 인도에서 유래되었다. 시인은 작품의 말미에 "중인도 마갈타국의 왕사성 동북쪽에 있는 산으로 석가여래가 법화경과 무량수경을 강한 곳."이라고 친절히 주를 달아놓았다.

영취산은 우리나라 곳곳에 있다. 그 산기슭엔 어김없이 사찰이 있다. 여러 사찰 중에서도 대표적인 곳이 '통도사'다. 시인은 통도사 경내를 울어대는 매미 울음을 들으며 무아無我를 경험했나 보다. "천리 물길"과 "만 번의 도움닫기"처럼 매미는 운다. 생태의 관점이 아니라 깨달음에 이르는 주체로서의 매미를 노래한다. 무엇을 이루고자 하는가. 짧은 한 주일을 위해 7년을 기다린 삶은 고귀하다. 우리는 그렇게 사무치게 울어 본 적이 있었던가. 다 울고 나무에서 떨어질 때, 매미는 오욕칠정에서 벗어나 열반에 든다. 한갓 미물이 완성한 삶, 그런 후회 없는 삶을 살기란 또한 얼마나 어려운가.

제3막 - 몰입의 시간, 시조를 빚다

3막은 장인으로 가고자 하는 몸부림을 보여준다. 무대 조명은 꺼지고 주인공을 비추는 작은 불빛 하나가 고통의 시간을 비춘다. 관객도 함께 몰입의 순간을 맞는다. 역지사지易地思之 하며 드러난 모는 깎고, 웃자란 풀들은 다듬으며 마음밭을 가꿔간다. 초심으로 돌아가서 진정한 시인이 되고자 다짐하는 의지를 드러낸다.

거름포대 걷어내자 도드라지는 동면
갸우뚱 쏠리어도 꼼짝 않는 옴두꺼비
웅크린 축생의 잔등 덤불로 덮어주었다

어느 날 느닷없이 무정형의 모습으로
오십 포대를 견디며 틈새를 메워온 너
세상을 버티는 힘이 기울기에 있었구나

한 몸 들일 데 없어 막돌로 엎드려도

제 자리 잡고 앉아 한 생을 보내다 보면
천년을 무늬 새기며 견딜 수도 있겠다
- 「화석처럼 엎드려」 전문

 이 작품은 의미 면에서도 새겨볼 부분이 있지만 형식 면에서도 안정적인 보법을 취한 가작이다. 구와 구의 매듭이 잘 이뤄졌고, 장과 장, 수와 수의 구별도 좋다. 첫수에서 두꺼비와 만나는 장면을 연출하고, 둘째 수에서 "세상을 버티는 힘"으로 의미의 확장을 꾀한다. 그리고 마지막 셋째 수에서 두꺼비와 시인을 인연법으로 연결시키며 하나의 서사를 완성한다.
 다음에 인용하는 작품은 한 수의 시조를 완성하기까지의 고통스러운 작업을 시화하고 있다. 한편의 완성작을 내기 위해 진지하게 원고지 앞에 앉은 자신을 드러낸다. 이런 작업을 직접적으로 표현한 작품이 「바랭이」다.

물씬, 풀 비린내 예초기가 지나간 날/치골만 남겨진 채 지워진 오장육부/
늦깎이 합평 때처럼 죄목이 낭자하다//가물어 고픈 들녘 갈필로 움켜쥐고/
댕강댕강 긴 모가지 수 없이 참수당한/
아득한 뿌리를 모아 필생의 꿈을 꾼다//썼다고 또 지우는 육필의 업연으로/
흙 한 줌 바람 한 줌 문질러 시를 쓴다/갑골문 이랑을 따라 흔들리는 비망록
- 「바랭이」

 시란 무엇인가, 아니 시인이란 누구인가. 시로 업業을 삼을 순 없지만 시인에게 시는 업보業報가 된다. 시작詩作에 있어 늦깎이가 있을까. 비록 문단이란 곳에 늦게 발을 들여놓았을 뿐이지 시의 업보를 늦게 짊어진 것

은 아니다. 궁리에 궁리를 거듭한 끝에 문을 두드렸으니 그 기다림의 시간이 길어진 것이다. 시인들끼리 둘러앉은 합평회라는 것이 때로는 사람을 초라하게 만든다. 웃자란 언어들 위로 예리한 예초기가 지나간다. 시작이 '필생의 꿈'이라면 어쩔 수 없다.

    한 장인匠人은 그냥 태어나지 않는다. 살아온 세월만큼이나 억세어진 굳은살로 섬세하고 정교한 장도를 만드는 일을 익혀간다. 한 수의 시조를 창작하는 일도 공방에서 묵묵히 쇳조각들을 이리저리 맞추고 때우는 일을 끊임없이 되풀이하는 것과 같다. 때리고 담금질을 계속하다 보면 어떤 것은 칼날로, 또 어떤 것은 칼집으로 그 형태를 갖추어가는 것이다. 그래서 시를 쓴다고 하지 않고 빚는다고 하지 않던가. 이제 싫든 좋든 그 길에 들었으니 완성을 향해 걸어가야 한다. 사면발니 같은 바랭이 풀은 되지 않겠다는 의지를 표출한 작품이다.

    덮는다고 덮이더냐
    지운다고 지워지더냐

    계절이 돌아오면 어김없이 찾아와

    내 안에
    소년이던 너
    풀꽃으로 앉아 있네

    파내고 파내어도

다시 돋는 사랑아

네 뿌리가 차지한 내 작은 영토에서

나는 또
헛된 호미질로
아프게 너를 도려낸다
-「토끼풀」

우리가 도려내야 할 인연들이 한두 가지인가. 아스팔트로 덮어도 돋아날 풀은 돋아난다. 전정가위나 낫이 아무리 많아도 풀을 어찌 이길 것인가. 군더더기는 잘라내어도 완전히 정리되지 않는다. 우리네 인연법이 그렇듯 작품 하나 빚어내는 일도 마찬가지다. 아픈 손가락의 인연으로 가슴에 새겨진 누군가라면 잘라내어도 언제 그랬냐는 듯 오롯이 앉아 있다. '바랭이'도 '매미'도 아무리 잘라내어도 '헛된 호미질'이 되고 만다. 차라리 도려내기보다 새로운 생명으로 키워내는 것이 더 좋지 않으랴. 시인은 사무치게 그런 역설을 노래한다.

 간절함은 시집 군데군데 묻어난다. "기도가 간절하면/촛불도 꽃 핀다던데"(견성암, 참꽃), "객혈로 죽은 마술사/홑청에 묻은 그것//철 지난 울타리에서/되살아난/생의 비의悲意"(넝쿨 장미), "길고양이 네 마리가 엉덩이 바짝 붙이며//춥다고/오래 견디자고/몸을 서로 나눕니다"(「양지 뜸」) 등 읽으면 읽을수록 간절한 소망이 드러나는 작품들이 많아 보인다.

제4막 – 현장을 비추는 카메라

    탈 없이 뚜벅뚜벅 교대시간 올 텐데
    뜰수록 감기는 눈, 멀어지는 밥물소리
    한 나절 다 지나도록
    그저 그리운 집

    터널 또 터널 교대 없는 세상 속으로
    7호선 아득한 갱도 영생의 꽃길인 양
    무사고 오십만 킬로
    별을 찾아 나서던 길

    대공원 승무사업소 화폭을 배경으로
    허기를 달래려던 가방 하나 남긴다
    사발면 귤 대여섯 개
    낡은 지갑
    생수병 하나
    –「오브제」

  이제 무대는 다시 바뀌어 오늘을 사는 현실과 이웃들의 현장을 비춘다. 조금 살풍경하지만 하루하루 힘든 하루를 사는 시대의 초상화를 그려낸다. 그저 오늘 하루가 무탈하기를, 아니 교대시간까지 몇 분이 무사히 지나갔으면 하는 바람으로 사는 사람들을 조명한다. 누구나 삶의 방식이 다르고 처해 진 환경이 다르기에 평소 나와 다른 이들의 삶에 대해서는 무관심하다. 특이한 것은 예측하지 못한 죽음과 마주했을 때 비로소 관심을 갖게 된다. 물론 이런 관심 또한, 시간이 지나면 자연스레 소멸되고 만다.

  이 작품은 서울 지하철 7호선 기관사의 죽음을 시화한 것이다. 우리를 목적지까지 실어다 주는 기관사의 하루는 대부분 지하에서 시작되고 지하에서 끝난다. 사인은 급성 뇌출혈, 그가 두고 간 가방 속엔 사발면, 귤 몇 개, 지갑, 생수병 하나가 들어 있었다. 굳이 이것들을 '오브제'라고 제목을 붙인 이유는 무엇일까. 아무 의미 없는 사물들을 작품 속에 가져옴으로써 새로운 인식에 이르게 하는 장치다. 기관사가 남긴 것들을 마지막 수 종장에 배치하여 갱도에서 맞은 죽음의 안타까움을 더욱 처연하게 그려내고자 한 것이 아닐까.

  '유기견을 포획합니다'
현수막이 내걸리자
공무원 열 댓 명이 포획 틀을 설치했다
드론이 눈에 불을 켜고 그들을 찾아 나섰다

쫓고 쫓기는 자의 사나흘 잡기놀이
샤브샤브 거리 지나 컨테이너 돌고 돌아
막다른 골목길에서 사무치게 살고 싶었다

숨가쁜 무연고자의 퇴로를 열어주며
울울창창 대숲이 무한정 흔들렸다

아무 일 없었다는 듯 새들 높이 날았다

   -「숨바꼭질」

  시절가조는 현실 반영이 중요하다. 반려견과 유기견은 이미 시대의 화두가 되었다. 유기견을 잡는 광경은 주로 영상에서 다뤄지는데 시조 속에 옮겨 놓고 보니 생동감이 느껴진다. 유기견과 무연고자의 조합이 절묘하다. 유기견을 포획하기 위해 공무원에 드론이 동원되고 한 사나흘씩 시끌벅적 하지만 무연고자의 죽음은 신문 한 줄에도 나지 않는다. 개보다 못한 사람 신세가 무연고자라면 인생은 참 덧없다. 셋째 수 종장을 무연고자의 경우로 읽는다면 현실은 더욱 그러하다. 이런 현장성에 눈길을 준 작품은 이 작품 외에도 많다.

제5막 - 촛불의 시간, 밀랍꽃의 개화

   펜치를 잡은 그 일
   그것이 문제였다
   두 손으로 마음껏 못을 잡아 당겼는데
   애꿎은 앞 이빨 두 개
   사리처럼 쏟아졌다

   전동 드릴 전동 드릴 노래처럼 불러도
   타점이 늘 서툰 그는 망치로 자기를 쳤다

삐딱한
대가리들이
갸웃 갸웃 웃었다

나에겐 늘 남자였고
남자이고 싶은 그가
이제는 무사처럼 세라믹 칼을 찼다
두 개의 못대가리가
고관절에서 반짝인다
-「못대가리」

다시 무대는 가족과 시인 내면의 이야기로 돌아왔다. 자식과 어버이 사이나 생과 사의 시선이 아닌, 평범한 일상의 시간이다. 감정을 걷어내고 담담히 있는 그대로의 삶을 그려내고 있어 더 편안하다. 못질이나 전기 고치는 등의 집안일을 잘못하는 남편들이 있다. 이 작품에 등장하는 남자도 그런 이 중의 한 사람이다. 펜치를 잡고 못을 뺀다는 것이 그만 앞니 두 개를 쏟는 대형사고를 치고 만 것이다. 왜 못은 늘 그런 그를 난처하게 만들었을까. 못대가리가 그의 남성성을 비웃은 것일까. 등장인물은 결국 인공 고관절 수술을 받으며 골반에 세라믹을 장착하게 되고, 두 개의 못대가리가 그의 남성성을 고정해 주고 있다. 몸속에 쇠를 박았으니 그는 이제 진정한 무사로 거듭난 것이다.

애써 만들어 내지 않고 그저 있는 그대로의 묘사가 좋다. 자칫 이런 작품은 시적 장치의 결함으로 인해 문학성을 잃을 우려가 있는데 전혀 그렇지 않다. 상황과 상황의 연속을 통해 자연스럽게 이야기를 전개한다. 은유로 가리기보다 직접적인 사실의 전달에 치중했지만 완성도 있는 시조가 되었다. 어떤가, 이런 역설이 유쾌하지 않은가. 적당한 유머로 독자를 이끌고 있어 독자들을 절로 미소 짓게 한다.

> 당신의 숨결따라 후회 몇 번 다녀가고
> 수없이 죽었다 다시 태어날 동안
> 몸 속에 우물 하나가 말랐다 또 생기고
> 한가득 은밀하게 불춤이 끝날 때까지
> 나는 오직 둥글게 몸을 감싸 안겠네
> 바람의 솔기를 꿰매어 안감을 다독이넀네
>
> 고백하지 못했던 수많은 내가 녹아
> 흔들린 시간만큼 가라앉아 굳은 무렵
> 한 송이 밀랍꽃으로 내생來生을 피우겠네
> -「촛불의 시간」

이 작품은 황영숙 시조의 경지를 한 단계 더 끌어올린 작품이다. 바랭이 풀 같은 사념들을 걷어내고 조용히 결을 다독이며 내면을 향한다. 시조 본령의 형식을 충실히 지키면서 음보와 구를 섬세하게 조율하고, 장과 장의 호흡을 일정하게 고른다. 물론 촛불의 의미를 떠올리며 말이다. 자신을 태워서 주위를 밝게 하는 촛불에다 생명의 고리를 비춰보는 심성은 타고난 성정인 듯하다. 3수의 행간에 흐르는 서정의 빛깔은 한결 안정되고 세련된 보법을 취한다.

몸속의 우물은 마르기도 하고 샘솟기도 한다. 갈구가 깊을수록 우물은 말라간다. 하지만 침묵의 시간이 길어지면 우물엔 다시 물이 고인다. 그 우물은 상념일 수도 있고, 시심詩心일 수도 있다. 완성을 위한 탐구는 언제나 목마르다. 촛불의 다비식이 끝날 때까지 '둥글게 몸을 감싸 안'으며 불춤의 향연을 멈추지 않아야 한다. '내 안에서 수없이 죽었다 다시 태어'나는 존재들은 진흙밭에서 피우는 한 송이 연꽃처럼 환희를 노래한다. 밀랍꽃의 개화는 내생을 향한 마지막 몸부림이다.

막을 닫으며 - 시인과 딸, 상상력의 교감

갤러리 문을 열면 물소리가 들린다/힘줄이 느슨해진 할머니와 어머니와/아직은 힘이 팔팔한 오빠의 오줌소리//실개천으로 흐르다 강이 되어 만난다/다시 흘러 바다로 가는 먼 먼 여행길을/서로가 한 몸이 되어 뜨겁게 출렁인다
 -「석동 1402호」(부분)

막이 닫히기 직전 조명은 작은 요강 하나를 비춘다. 스피커에선 물소리가 난다. 우리가 흔히 듣던 소변보는 소리와 물 내리는 소리가 들린다. 차츰 조명은 넓게 퍼지면서 집안 전체를 비춘다. 「석동 1402호」는 시인이 사는 집이며 NURTURart, Brookiyn, NY에서 전시한 개인전 제목이기도 하다. 앞서 밝혔듯이 같은 제목으로 어머니는 시조를 짓고 딸은 전시

회를 연다. 오브제로 사용된 요강 속으로 강물이 흐른다. 건강한 소리와 힘이 다한 소리가 함께 섞여 있다. 더 귀 기울여 보면 강물과 함께 세월 흘러가는 소리도 들린다.

황영숙의 두 번째 시집 『매일 아침 매일 저녁』은 시인 혼자만의 것이 아니라 3대가 함께 쓴 시집이라 해도 과언이 아니다. 시인과 딸은 상상력을 교감한다. 이렇게 서로에게 전이된 상상력은 장르가 다른 작품으로 다시 태어난다. 진해「석동 1402호」는 시집 속에도 있고, 뉴욕 브루클린에도 있다. 황영숙 시인에게 있어 가족은 시심의 원천이며 하나의 우주다. 가족을 중심으로 산 자와 죽은 자, 동물과 식물, 조명되지 않는 이웃과 장소와의 관계 맺기를 하고 있다. 그렇다면 그녀의 우주는 얼마나 더 확장될까. 다음 연극에서 펼쳐질 그녀의 또 다른 우주를 상상해 본다.

책장을 덮는 음향효과와 함께 조용히 불이 꺼지고 관객들은 퇴장을 준비한다.

심안의 지혜를 얻기 위한 묵중한 질문

1. 각수刻手의 정제된 칼끝처럼

 유선철의 시를 읽는다. 시조 75수를 통해 한 시인과 동행한 시간은 행복했다. 토해낸 전봉준의 목소리를 듣기도 했고, 이카루스의 날개처럼 녹아내린 노인의 꿈을 만나기도 했다. 등단하고 곧바로 책을 내는 이가 있는가 하면 일정한 거리에서 자신을 바라보다 시집을 내는 이가 있다. 유선철 시인은 후자에 속한다. 2012년 등단이니 8년간 시의 밭을 갈고 닦았다. 그러므로 나 역시 곧바로 그 집 사립을 열기보다 한 며칠 주변을 서성이다 집의 냄새며 주인의 인기척을 듣곤 했다. 그의 목소리는 따뜻하다. 낮고 가까운 이웃의 손을 잡아주기도 하고, 역사 속을 걸어가 거친 목소리로 우는 누군가를 불러내기도 한다. 호흡은 여과장치를 지나는 물처럼 가쁜 숨을 몰아쉬다가 다시 평온을 되찾으며 흘러간다. 어쩌면 시조 집이기에 더욱 그런 느낌이 들었는지도 모른다. 가락이 가락을 만나 장을 이루고 유장히 흘러온 장은 종장에서 결구를 짓는다. 그런 모습을 보면서 준비된 시조인이란 믿음을 갖게 되었다.

소주병 서너 개가 대문 앞에 누워있다

물이랑 첨벙첨벙 건너온 가난 앞에

애꿎은 담배연기는 생머리를 풀었다

쑥부쟁이 스러지는 꽃의 행렬 끝자락에

심장이 뜨거워서 차마 못 건너는 강

이승의 한 모퉁이가 아직도 불콰하다

저 푸른 논객의 칼, 나 언제 가져보았나

바람을 맞서다가 바람이 되어버린

그 남자, 소실점 돌아 또 한 잔을 건넨다
 -「늦가을 문상」

어느 늦은 가을날, 시인은 한 상가를 들렀다. 빈소를 벗어나 조금은 멀찍이 떨어진 채 을씨년스러운 상가풍경과 고인을 바라본다. 그가 바라보는 대상은 "바람을 맞서다가 바람이 되어버린" "푸른 논객"이고, 닮고 싶었지만 닮을 수 없었던 결기를 가진 사람이다. 비록 가난했지만 정신만은 가난하지 않았던 존재였기에 "심장이 뜨거워서" 차마 이승의 강을 건너지 못하고 있어 소주 한 잔을 올려 추모한다.

  이런 소재는 자칫 감정이 지나쳐 보법이 불안정하고, 정형을 벗어날 우려가 있다. 하지만 유선철 시인은 안으로 호흡을 가다듬고 알맞게 갈무리하여 담담히 한 편의 가작을 뽑아내었다. 첫수에선 살풍경한 상가의 모습과 고인의 성품을 그려낸다. 특히 종장 "애꿎은 담배연기는 생머리를 풀었다"는 초·중장을 제대로 결집시켰기에 눈길이 간다. 둘째 수는 그렇게 적막해지는 하루를 노래한다. 행렬은 쑥부쟁이를 밟고 저승길을 넘어가는데 정작 고인은 저승의 강 앞에 멈춰 서 있다. 그런 모습은 서녘 붉은 노을과 시인만이 알뿐이다. 마지막 셋째 수는 고인의 품성을 닮지 못한 자신을 자책하며 한 잔 술로써 작별할 수밖에 없는 현실을 그려낸다.

    소맷자락 스치면서 한 번쯤 보았을까
    박제된 시간의 벽 슬그머니 허물고 온
    손마디 굵은 사내와
    눈인사를 나누었다

    속울음 쟁여놓고 파랗게 벼린 날끝
    한 자씩 경을 새긴 팔만의 목판에는
    먹물이 안으로 스며

살빛 더욱 또렷한데

마구리 감아쥐면 움찔하는 바람의 눈
티끌도 앉지 못할 형형한 활자 위로
들린다, 발자국 소리
달빛 밟고 사라지는
－「장경각에서 각수刻手를 만나다」

 목판에 글자를 새기는 이는 어떤 마음을 지녔을까. 또한 그를 위해 시를 짓는 시인은 어떤 시심으로 다가갈까. 통영 먼 바다 건너 앉은 섬 욕지도 천황봉(392m)엔 '통제사 이세선 친행 암각문'이 새겨져 있다. 예전 조선조엔 이 섬을 다녀가기란 그리 쉽지 않았다. 그래서 삼도수군통제사가 이곳에 친히 다녀간 것을 기념하여 바위벼랑에 각을 새겼다. 물론 통제사와 수행한 이들의 이름이 적혀있다. 하지만 언제나 그렇듯 장비 챙겨 그곳을 올라 글을 새긴 각수 이름은 없다. 비록 자신의 이름은 새길 수 없지만 그 일에 임하는 자세야 어디 대충 대충이었으랴.
 목판 장경에 경전을 새기는 이는 부처님 말씀을 전하듯 한 자 한 자 칼 잡은 손에 힘을 더한다. 손으로 각자 한다기보다 마음으로 새긴다고 해야 맞는 표현이리라. 시인은 그런 마음을 읽어 낸 것이다. 널브러진 나무 사이를 비집고 앉은 한 사내를 만난다. 그는 '박제된 시간의 벽 슬그머니 허물고 온' 모습을 하고 있다. 각자刻字한 틈으로 스미는 먹물은 나무이기 전에 살에 스미는 문신의 먹물과 흡사하다. 비록 남루하나 눈빛은 형형하다. 사내가 한 번 '마구리 감아쥐면' 바람도 움찔하고 멎는다. 그런 행위 앞에 어찌 티끌이 앉을 것인가. '들린다, 발자국 소리/달빛 밟고 사라지는'으로 맺은 마지막 수 종장처리 역시 각수의 정제된 칼끝처럼 미려하다.

2. 이웃을 바라보는 순정한 눈빛

빛은 서로 다투지 않고 꽃은 서로 겨루지 않죠

하얗게 비워둬야 비로소 담기는 글씨

누구도 지우지 못할 그 사연 기다립니다

가난한 일기에서 간절한 편지까지

봉숭아 꽃물 같은 눈물이 번지는 날

광장은 사나운 파도, 돌이킬 수 없습니다

농담처럼 둘둘 말아 휴지통에 버린대도

움켜쥔 주먹만은 다시 펴지 않습니다

화르르, 밑불이 되어 소문 없이 사라져도
-「A4」

이번 시조집은 시절가조時節歌調 답게 현대사회를 직접적으로 노래한 시들이 더러 있다. 일본군 위안부 피해자 김복동 할머니를 노래한 「아토피」, 구명조끼를 벗어준 단원고 학생 정차웅에 관한 「웅아」, 정규직 전환 뉴스를 보고 쓴 「정가네 찐빵」, 탈북민에 애정의 눈길을 준 「얼룩무늬 봄이」 등등 거론하자면 많다. 인용한 시도 마찬가지다. 시대와 사회를 노래한 시들은 제대로 발효시키지 못하면 생경할 위험이 있고, 진정성이 묻어나지 않으면 남의 옷을 빌려 입은 듯 허황하여 어색해 질 수도 있다. 그러나 유선철 시인에게는 그런 문제점이 큰 흠결로 지적되지 않는다. 말을 부리는 재능은 물론, 자신과 비슷한 눈높이로 그들을 바라보는 순정한 눈빛이 있기 때문이다. 그 진정성은 자신의 삶과도 직결되어 있다. 교사생활을 하면서 해임의 아픔을 맛보았고, 다시 무효소송 끝에 교사직을 되찾기도 했던 경험이 그것이다.

그렇다면 여기서 「A4」는 어떤 의미로 읽힐까. 조정권은 시 「백지」에서 "비어있는 그것은/신이 놓고 간 물음"이라 했고, 폴 엘뤼아르는 시 「자유」에서 "모든 백지 위에/돌과 피와 종이와 재 위에/나는 너의 이름을 쓴다//황금빛 조각 위에/병사들의 총칼 위에/제왕들의 왕관 위에/나는 너의 이름을 쓴다"라고 노래했다. 조정권은 '백지' 앞에서 비워둔 삶의 문제를 신에게 묻는 자세를 취함으로써 경건히 매무새를 가다듬었고, 폴 엘뤼아르는 "제왕들의 왕관 위에" 자유란 이름을 쓰는 광장으로 표현하였다. 유선철의 「A4」는 두 시의 의미를 함께 담고 있다. 첫수 초·중장의 "빛은 서로 다투지 않고 꽃은 서로 겨루지 않죠//하얗게 비워둬야 비로소 담기는 글씨"는 백지에 담을 염원을 말하기에 조정권에 가깝고, "광장은 사나운 파도, 돌이킬 수 없습니다"와 "움켜쥔 주먹만은 다시 펴지 않습니다"는 폴 엘뤼아르에 가깝다. 백지 한 장엔 어떤 글도 담을 수 있다. 위로와 격려, 혹은 일필휘지하여 목마른 이들에게 한 동이 물을 쏟아부어주는 글을 담을 수도 있다. 시인은 "가난한 일기에서 간절한 편지까지" 행간에 담은 시 한 편의 광장을 갖고 싶은 것이다.

3. 시조의 보법, 순응의 힘

실비를 맞고 가거나

바람에 실려 가거나

나는 늘

문밖에 있고

그는 또

빗장을 건다

하얀 밤 눈부신 개명改名

가볍다, 절반의 무게
-「곶감」

조운曺雲의 「석류」와 이 작품을 대비하여 읽으면 재미가 더할 듯하다. 「석류」는 익으면서 몸을 활짝 여는데, 그 모습을 "빠개 젖힌 이 가슴"이라고 표현한다. 반면 「곶감」은 바람과 서리를 맞으며 몸이 줄어든다. 전자는 안으로 삭히고 삭힌 것을 마침내 폭발시키는 힘을 보여주었고, 후자는 햇볕에 저항한 떫은 땡감 맛을 버리고 운명에 순응하는 모습을 시화한다. 두 작품 다 단수인데 3장 6구 속에 생의 철학을 충분히 담아내고 있기에 굳이 시가 길어야 할 필요 없음을 웅변한다. "실비를 맞고 가거나//바람에 실려 가거나" 너나 나는 매 일반이다. 하지만 나는 문 밖에서 온갖 세상의 소리를 들으며 살고, 너는 빗장을 건 채 안으로만 다스릴 뿐이다. 나는 세속의 오욕칠정으로 자꾸 무거워지지만 너는 "하얀 밤 눈부신 개명改名"을 통해 "절반의 무게"로 가벼워진다. 더하고 뺄 말이 없다면 알맞은 노래가 아닌가.

계집애 아이처럼 예쁘고 아담한 들
옛 이름도 전설처럼 아리따운 소야邵野였다
정 많은 봉정 할매가 시집온 지 육십 년

여기가 별고을이다, 유난히 별이 맑은
무기가 들어온 날 호미로 막아섰던
참외꽃 노란 미소도 향기를 잃어버린

꾀꼬리 날갯짓도 봄나물도 다 내주고
가난을 잊고 살던 그 보람도 넘겨주고

무너진 늑골 사이로 깊어가는 한숨소리

"온 길이 있으니까 가는 길도 있겠지요"
시퍼런 멍울 위에 생약처럼 와닿는 말
이장님 젖은 이마에 별이 반짝, 스친다
　-「소성리」

　이 시는 육십 년 전 시집 온 '봉정 할매'의 일생을 통해 소성리 마을을 그려내고 있다. 소성리의 옛 이름은 소야邵野인데 시인은 '별고을'이라 부르고 싶어 한다. 이 평화스러운 마을에 갑자기 '무기가 들어'오고 주민들이 '호미로 막아'서는 일이 벌어졌다. 성주의 끝자락에서 김천 방향으로 레이더가 설치되고, 생판 낯선 '사드', '미사일' 같은 무시무시해 보이는 전략무기들을 실은 차량이 들이닥친 것이다. "무너진 늑골 사이로 깊어가는 한숨소리"는 작은 시작에 불과하다. 이 마을의 불확실한 미래를 어찌 가늠할 것인가. 죽창을 들어본 적도 없던 사람들의 날벼락은 "참외꽃 노란 미소도 향기를 잃어버린" 마을이 되었다. "봉정 할매"로 대변되는 주민들은 차라리 가난했던 옛 고을을 그리워하게 되었고, "온 길이 있으니까 가는 길도 있겠지요"하며 푸념하지만 자는 잠에 가는 죽음은 사치스런 염원이 되고 말았다. 시인은 이 을씨년스러운 변화를 기승전결 네 수로 담아내었다. 별고을은 분단의 역사이며 아직도 끝나지 않은 비극적인 한국현대사이다. 그가 그려낸 저항의 풍경은 울분과 고함 대신에 서정성으로 결을 다스린다. "이장님 젖은 이마에" 반짝 스치는 별처럼 희망은 올 것인가. 유난히 별이 많은 소성리, 과연 옛 모습을 되찾을 수 있을 것인가. 시인에게 답은 요원하다. 시인의 무기는 시가 유일하니 이렇게 시 한수로 대응할밖에.

4. 인연법으로 펼쳐낸 만다라

    통증의 세포분열, 창밖은 눈밭이다
    키보다 큰 밀대로 겨울을 미는 여자
    늑골에 겹겹이 쌓인
    바람소리 지운다

    난치성 낯가림도 휴지통에 구겨넣고
    체온으로 닦아내는 살얼음 병실 복도
    행운목 초록 잎사귀
    귀를 쫑긋 열고 있다

    문득, 또 한 그루 쓰러진 나무 앞에
    "생사生死가 어데 있노" 너스레 떠는 여자
    숨소리 쓸어 담는다
    속눈썹을 훔치며
    －「3병동 영자 아줌마」

어느 병원 '3병동 영자 아줌마'는 "키보다 큰 밀대로 겨울을 미는 여자"다. 통증이 "세포분열"하 듯 눈은 눈끼리 쌓여 마침내 온 세상을 덮는다.

그녀도 처음에는 부끄러웠지만 이제는 "난치성 낯가림도 휴지통에 구겨 넣고" 제일 앞에 당당한 여자가 되었다. 고통도 시름도 "체온으로 닦아"내다보면 남몰래 반겨주는 친구도 있다. 환자이건 병원 직원이건 "행운목 초록 잎사귀"라도 좋다. 창밖엔 한 겨울인데 그녀의 체온 덕분에 행운목은 귀 쫑긋 세우듯 푸른 잎사귀 하나를 피워낸다. 첫수와 둘째 수는 영자 씨의 하루, 그녀와 교감하는 대상에 관한 것이라면 셋째 수는 그런 자신도 어쩔 수 없는 운명의 강을 건너는 또 다른 일상을 말하고 있다. 병원은 탄생과 재생, 영면이 엇갈리는 교차로다. 그 교차로 위에서 우린 "생사生死가 어데 있노"라며 너스레를 뜬다. 오늘도 그녀는 "숨소리 쓸어 담"으며 "속눈썹을 훔"친다. 시인은 그 순간을 놓치지 않고 시 한수를 발아시킨다.

    널 위해 준비했던 나의 말은 끝이 났다

    네게로 향해 뻗은 길 하나가 무너지고

    바람도 좌표를 잃고 널브러져 울고 있다

    얼마를 더 기다려야 눈물이 잦아드나

    붉었던 말과 말의 모서리가 구겨진다

    먹먹한 추억 사이를 떠다니는 보푸라기

세상에서 가장 슬픈 이별을 맞으리라

꽃술에 남은 온기 두 손에 받아들면

낙화도 화엄이던가, 입맞춤이 저릿하다
-「동백꽃 후렴」

정이 넘치면 외려 병이 된다. 세한지우歲寒之友라 했으니 동백이 지면 그 겨울에 나눈 벗과의 추억도 잊어버릴까. 하지만 꽃잎처럼 붉은 사랑이라면 쉬이 잊힐 리가 없다. 다만 "널 위해 준비했던 나의 말"이 끝났을 뿐이다. '후렴'은 자꾸 되뇌어서 잊고 싶지 않은 어떤 대상이 아닐까 싶다. 연극적 대사 같은 첫수 초장 "널 위해 준비했던 나의 말은 끝이 났다"는 선언은 신선하고 강렬하다. 시조는 종장에서 결을 맺는 경우가 많으므로 대부분 귀납적인데 이 작품은 초장에 방점을 찍으며 연역적으로 풀어가는 것이 특징이다. 둘째 수 중장 "붉었던 말과 말의 모서리가 구겨진다"는 구절은 돋보이는 은유다. 차라리 이 구절을 종장에 놓았으면 어땠을까. 어쨌든 그렇게 풀어놓던 동백의 낙화는 셋째 수에서 완결된다. 처음의 "널 위해 준비했던 나의 말은 끝이 났다"는 이 진술은 마지막 초장에서 "세상에서 가장 슬픈 이별을 맞으리라"라고 변환된다. 결국 "낙화도 화엄이던가, 입맞춤이 저릿하다"로 작품의 맨 마지막을 장식한다. 낙화가 화엄이라니. 그렇다. 수행의 마지막은 문을 닫는 것, 그래야 그 꽃진 자리에 새로운 열매를 맺을 것이 아닌가. 낙화는 열매를 낳고 열매는 다시 새싹을 틔울 것이니 인연법은 그렇게 윤회의 과정을 거치며 나아간다. 이는 유선철 시인의 특징적 시법의 하나다. 유사한 작품으로 「찔레꽃 만다라」가 있다.

    신라는 적막이다, 혈관이 막혀 있다

    찔레의 푸른 맨발 절벽을 딛고 서서

    돌부처 어깨에 걸린 먼 고요를 바라본다

    어둠의 속살마저 베어 문 달빛 아래

    하얀 몸 벗어놓고 스러지는 너의 향기

    부서져 꽃길을 연다

    만다라를 펼친다
    -「찔레꽃 만다라」

찔레꽃은 천 년 전 신라에도 피었고, 지금도 그 모양 그대로 피어난다. 개화의 순간, 꽃을 둘러싼 세상은 적막하다 못해 피가 멎는 듯 절대의 고요를 가진다. 가시덤불을 뚫고 이렇게 찬란할 수 있다니. 그렇다고 해서 찔레꽃은 장미처럼 사람 곁에 두고 감상하는 꽃이 아니다. 한 송이로도 제 존재를 빛내는 꽃이 있고, 겨울을 견디며 피었다 하여 인간이 경외해 마지않는 꽃도 있다. 그에 비해 찔레는 꽃 무덤을 이뤄야 아름답고, 그럴 때에야 비로소 향기를 발한다. 이 꽃의 꽃말도 '고독', '신중한 사랑' 등이라니 화려함과는 거리가 멀다. 야성을 지녔기에 "푸른 맨발"로 "절벽을 딛고" 선다. 어쩌면 그러기에 "돌부처 어깨에 걸린 먼 고요를 바라"볼 수 있는 것이다. 화분에 담긴 난초처럼 우여곡절 없는 사람이 어찌 부처의 어깨에 걸린 적요를 의식할 수 있으랴. 5월 달빛은 "어둠의 속살"을 베어 물고 찔레 향기는 그 빛 속에서 옷을 벗는다. 달빛이며 바람에 부서지고 스러지면서 비로소 돈오돈수의 만다라 세상을 펼친다. 즉 사람의 영역이 아닌 신의 영역, 우주의 힘이 응집되는 하얀 꽃무덤으로 피어난다. 시인은 찔레꽃을 통해 신라의 적막을 읽어내고, 가시덤불 속에서 피워낸 야생의 향기를 맡으며 만다라 세상을 열어간다. 바로 시인의 통찰력이다.

5. 죽비 한 방의 여유

날 벼린 초승달에 손가락을 베인 듯이 늦깎이 수행길에 암팡지게 달려들어
빛바랜 장막 하나를 활짝 걷어버렸다는

안으로 젖어들어 끝없이 추락하다 오롯이 불사르며 밤마다 길을 묻고
한순간 질긴 망상을 싹둑 끊어버렸다는

적막의 정수리에 향불을 올려놓고 엉켰던 실타래를 한 올씩 풀어내며
마침내 하얀 빛 속을 혼자 걸어가더라는
귀고픈 시절에는 허기도 잊고 살고 어떤 날은 술푸념에 진종일 울더라는

소문은 낭자했으나 더는 모를 일이었다
 -「열반의 흔적」

 예술학자이며 노인전문의학자인 루이즈 애런슨Louise Aronson은 역저 『나이듦에 관하여』란 책에서 불안한 생의 미래에 대해 애정 어린 시선으로 기술한다. 육체적 노화를 막을 수 있는 힘은 육체의 단련도 중요하지만 정신의 풍요가 필연적이다. 국가와 사회가 신경 써야 하는 복지의 개념보다 더욱 중요한 것은 스스로 자신을 어떻게 어떤 방법으로 단련시켜 나가느냐가 관건이다. 그러므로 저자는 자전적 얘기들을 통해 여러 각도에서 삶을 통찰하는 지혜를 터득하기를 당부한다.
 다행히도 유선철 시인은 자신만의 사고를 통해 그 극복의 힘을 키워가고 있다. '열반'이란 마지막 경지를 얘기하면서도 유머로써 시의 감미를 더하는 여유를 잃지 않는다. 어떤 '죽음'에 다가가는 대상 앞에서 슬픔이나 눈물의 정조를 걷어내고 빙그레 웃음을 머금게 하는 시각은 쉽게 얻어지지 않는다. 그렇다고 불교적 교리를 인용하거나 노자를 운운하지도 않는다. 그저 심안의 지혜를 얻기 위해 느릿느릿 걸어갈 뿐이다. 마지막 수 "귀고픈 시절에는 허기도 잊고 살고 어떤 날은 술푸념에 진종일 울더라는/소문은 낭자했으나 더는 모를 일이었다"는 쉬이 결과를 보여주기보다 알아서 생각하라며 은근히 장막을 친다. 이런 모호성의 안개를 피우지 않았다면 큰 매력을 발산 할 수 없었을지 모른다. 엉킨 실타래는 한꺼번에 풀어지지 않는다. 결을 고르듯 한 올 한 올 풀어가다 보면 저절로 타래는 풀어진다. 우리네 삶도 그러하다. 조급히 걷다보면 돌부리에 걸려 넘어지기도 하고, 바쁜 손짓으로 달을 가리키다 보면 "날 벼린 초승달에 손가락을 베"일 수도 있다. 언어의 보법 또한 짐짓 뒷짐 지고 걸어가는 모습을 취한다. 마지막 수를 제외한 앞 4수의 종결을 '~다'로 하지 않고, '~는'으로 처리한 것도 한몫을 한다. 이는 은근히 여운을 남기면서 다음 수로 넘어가 보게 하는 시인의 숨은 의도가 아니겠는가.

"시詩를 살면 되지
뭘 굳이 쓰려고 해"

등줄기 시원하다
한낮의 죽비 한 방

참매미
칠 년 허물을
순식간에 벗은 듯이

"풀이나 뽑으시게"
돌아서는 우뚝한 산

서늘한 그림자를
몇 발짝 따라가면

그 자리,
꽃자리라며

또 한 방을 내린다
 -「죽비 한 방」

그렇다. 그런 지혜를 얻기 위한 방법으로는 시를 쓰기보다는 그냥 시를 살면 된다. 이보다 명쾌한 답이 있을까. 첫수 초장에서 이미 시인은 한 줄기 깨달음의 빗방울을 맞는다. "참매미/칠 년 허물을/순식간에 벗은 듯이"시원하다. 산은 부딪는 발목의 돌을 말하지 않고 계곡의 잔물을 말하지 않는다. 그저 네가 선 그늘이 "꽃자리라며/또 한 방을" 내리신다.

유선철 시인의 시가 완성형이라 말할 순 없다. 편 편마다 쳐내야 할 잔가지도 있고, 채 피지 못한 봉오리도 있다. 하지만 시 앞에 다가가는 자세는 겸손하고 묵중하다. 처녀 시집은 한 시인이 살아오면서 집적된 경험, 그로인해 형성된 인격과 영혼의 집이다. 누가 말했다. 첫 시집은 "이마에 찍힌 인장이면서 발목에 찍힌 화인이기도 하다."라고. 아무리 위대한 시인도 첫 시집의 성공과 실패를 외면할 수는 없다. 고고성을 울리며 출간되는 순간, 시인은 그 시집과 운명을 같이 한다. 이 시인 역시 그런 마음으로 돌다리를 건너듯 알몸으로 자신을 드러낸 것이다. 시집 한 권을 읽는다는 것은 한 시인이 걸어온 생애를 반추하는 시간이다. 그 여행길에서 겪은 곡절들을 간접 경험하기도 한다. 다양한 존재들을 따라 때론 북풍에 흩날리는 봉두난발을 만나기도 하고 먼 이국의 지평선을 떠도는 허허로운 구름을 상상하기도 한다. 그 행간을 오가는 변주들을 귀를 열고 들으며 다시 객관적인 독자로 돌아왔다. 그 성취를 향해 걷는 길에 동행하고 싶다. 벌써 두 번째 시집이 기다려진다.

시의 성소聖所를 가진 광기의 시인으로 태어나라
- 이숙경 시조를 중심으로

　독일의 판화가 케테콜비츠를 생각한다. 아름다움이란 명제에 얽매이지 않고 소외된 이들의 모습을 가감 없이 그려냄으로써 리얼리즘 미술의 대명사가 되었다. 이 화가는 대상에 대해 자신을 동일화시키려는 의지를 드러낸다. 평생을 걸쳐 1백 점 넘게 그린 자화상이 바로 그런 의지를 보여주는 예다. 무겁고 둔탁해 보이는 자화상들은 자신이 건너가는 시대와 사회에 대한 질문인 동시에 답변이었다. 아니, 스스로를 검증하는 냉철한 잣대이기도 했다. 이처럼 어떤 대상과 자신을 동일시하면서 창작에 임하는 자세는 예술가로서의 철저함으로 이해될 수 있다. 무한한 애정을 갖되 진실하게 다가가고자 하였고 그런 만큼 객관적이고 단순하게 정면에서 부딪히려 했다. 모성을 그리되 미소가 있는 포근함으로 포장하지 않았고, 낫과 곡괭이를 든 폭동을 그리되 생경한 피를 보이지 않았다. 그러므로 암울하지만 기괴하지 않고, 저항적이지만 영웅적이지도 않다. 어쩌면 시종 흑백으로 다가간 것도 이런 것을 염두에 둔 것이 아닌가 여겨진다.

붉은 황토밭
입질하는 초록
숨죽인 갯벌 휘휘 돌아

마중 나온 섬
바람은 울어
낡은 풍금 두드린다

죽으면
죽으리이다 *
철부도선 끄는 핏빛 저음
- 「증도 가는 길」 전문

  예술가에게는 누구나 성소가 있다. 케테콜비츠가 표현하고 싶었던 성소聖所는 바로 지금 현재, 자신과 주변인들이었다. 이숙경의 시조 5편을 읽으면서 '증도'라는 섬의 존재를 생각해 보았다. '증도'는 무엇인가? '증도'와 그녀는 어떤 상관관계를 가졌는가? 시인에게 한 특정한 대상을 두고 몇 편의 시를 썼다면 이는 현재의 성소라고 말할 수 있다. 여기서 지도 상에 그려진 섬은 큰 의미가 없어 보인다. 그러므로 이숙경의 「증도」 시편 3수는 기행시가 아니다. 세상에 존재하는 모든 시가 기행시가 아닌 것이 없지만 엄밀히 따지면 기행시 또한 존재하지 않는다.
  우선 시인이 대상으로 삼은 '증도'라는 섬에 대한 분위기에 젖어 들고자 했다. 대상에 다가가는 마음이 과장되지 않고, 구와 구, 장과 장을 처리

하는 솜씨가 자연스럽다. 남도의 섬을 찾아가는 길, "붉은 황토밭"에서 한 하운의 냄새를 맡기도 했다. "붉은 황토밭"과 "입질하는 초록", 원색으로 대비시키는 이유는 갯벌의 팽팽한 긴장감을 드러내기 위한 장치다. 섬에서 달려온 바람은 정겨운 풍금소리를 내며 여행자를 따뜻이 맞아준다. 초장에선 팽팽한 긴장감을 유발시키고 중장에선 이완을 통해 종장을 맞게 한다. 섬은 조용하지만 수많은 생명을 잉태한다. 갯벌이 비록 지루하지만 얼마나 많은 게들과 장뚱어, 세발낙지들을 감추고 있는가. 시인이 그것을 모를 리는 없다. 그렇다면 처음부터 한 순교자의 죽음을 찾아 그곳에 간 것일까. 아니면 그곳에 가서 한 순교자의 처연한 죽음을 만난 것일까. 어쨌든 이 섬에 한 목숨을 건 생애가 있다. 문준경 전도사를 성급히 끄집어낸 것을 보면 순교의 힘을 빌어 간절히 열망하는 어떤 것에 닿고자 함이었을까.

 더 읽어보자. 「증도」 시편은 3수지만 묶어서 한 편의 시로 읽을 수도 있으니까.

   엘도라도 그리며 남으로 달려온 길

   안개를 털어낸 섬 태양을 불 달구며

   소금꽃 피워낼 염전 하늘을 앙다물고

   섬에서 난 길은 섬에서 끝이 나도

한 발자국 뗄 때마다 은밀히 불어나는 길

　　백사장 속살에 섬을 묻고 끝없는 길 걷는다
　　-「증도에서」전문

　시인은 현실에서 뭔가 답을 얻지 못하고 길을 떠나 왔다. 절실한 구원을 꿈꾸었으므로 "엘도라도 그리며 남으로" 달려온 길이다. 그렇다면 이 시에서 절실함은 무엇으로 대변되는가.「증도 가는 길」에서 처음 만난 것은 "핏빛 저음"의 뱃고동 소리였다. 그 핏빛 저음은 이 시에선 "소금꽃"과 "끝없는 길"로 치환된다. 여기서 소금은 섬을 구성하는 한 요소로만 읽히지는 않는다. 성서에서 소금의 맹세는 청결과 우정, 성실과 불변이란 믿음에서 비롯된 것이다. 유대인들은 금요일 밤마다 빵을 소금에 찍어 먹는다. 빵은 신의 선물이고 소금에 찍어 먹는 행위는 신과 백성간의 계약을 상징한다. 그러므로 '소금꽃'은 모든 성스러움의 총체다.

　시인은 분명 이 소금꽃의 영원성에 갈구한다. 그렇다면 자신을 둘러싸고 있는 삶은 소금과는 반대되는 현실이다. 다만 그 불만을 말하지 않고 두 수 연시조의 행간을 띄움으로써 독자들에게 상상의 폭을 넓혀주려 한다. 한낮의 작열하는 태양은 소금을 만들고 염전은 하늘을 앙다문다. 지도 속의 길은 물길에 막히지만 마음의 내밀한 길은 자꾸 낯선 길을 만들 뿐이다. 시인은 왜 이곳에서 하염없이 길을 만드나. 어차피 여행이란 길을 찾아 가는 것이 아닌가.

　어디에도 답은 없지만 나를 묶었던 끈의 잔해들을 해체시킴으로써 한결 홀가분하게 돌아올 수 있는 것이다. 처음의 나와 돌아오는 나와는 전혀 다른 개체일 수 있다. 이 시에서 구원은 요원하다. 끝없는 길을 걷지만 아직 해답에 이르지 못했다. 사용된 시어들 '앙다물고', '은밀히 불어나고', '섬을 묻고' 등은 한결같이 안으로 향해 있다. 그렇다면 극복해야 할 현실의 벽은 자신의 내면에 존재하는 지도 모른다. 백사장 속살에 섬을 묻듯이 시인도 무언가를 가슴에 담고 있다. 그러나 그 무언가는 잘 드러나지 않는다.

다시 다음 시를 읽어볼 도리밖에.

건너지 못한
짱뚱어다리
그 섬에 남겨 두고

몸부림치는 갯벌
주섬주섬
눈을 떼며

해저에
유물이 될 기억
부표하고 떠난다
- 「증도를 떠나며」 전문

시인은 결국 해답을 얻지 못하고 이곳을 떠난다. 분석적으로 시를 읽는 독자에게는 초장에 등장하는 '짱뚱어다리'가 무엇을 의미할까 하고 의

문을 가질 만하다. 필자 역시 그랬다. 짱뚱어는 이 섬을 대표하는 특산물이다. 특산물을 다리 이름으로 한 것이 시인에게도 퍽 인상 깊었나 보다. 종장의 "/해저에/유물이 될 기억/부표하고 떠난다" 역시 마찬가지다. 기억이란 단어의 추상성에 기대보면 많은 의미가 숨어 있을 것 같다. 신안 앞바다는 해저유물의 보고다. 진귀한 해저유물은 어느 날 문득 이 섬을 찾은 이에겐 모습을 감춘 채 일렁이는 물결로만 보여줄 뿐이다. 그 사연이며 역사는 물속에 잠겨 있고, 마음일랑은 물결 위에 부표로 띄워두고 간다.

이 3수의 「증도」 시조는 시인의 갈망을 다 채워주지 못한다. 하지만 어쩔 것인가. 물리적 수고를 통해 그곳에서 변환된 새로운 나를 발견하고, 몇 편의 시를 얻었다면 그 기행은 성공한 것이 아닐까. 몸소 다가가서 구원을 얻지 못하고 오더라도 내 걸어온 길의 지난함을 다시 생각해본다면 그에 대한 수고가 그리 아깝지 않다. 뉴스에서 만나던 떠들썩한 유물을 만나진 못했지만, 순교의 현장에서 풍경 너머의 무엇을 상상해보았다면 시인의 기행은 충분히 의미 있는 시간이다.

하필이면 이 계절에
마른 뼈 죄 추슬러
시린 광선 끌어다
마디마디 내시경 찍는다

처방전
오르막길에 걸고
열병하는 나무들

수다스런 새떼가
앉았다 간 머리 위로
봄을 밴 전깃줄
어지러이 출렁거린다

터질 듯
진통을 참으며
흔들리는 풍경

허물 벗은 노을
꽃구름 피운 자리
남은 빛 점멸하여
길을 지우는 저녁

코르크
마개를 열면
와인처럼 젖어드는 봄
-「엄습하는 봄」전문

    이숙경의 시조 7수는 두 가지 특징으로 나눠진다. 「증도」 연작과 「고인돌」은 존재하는 특정한 지역과 연관된 상상력에서 출발하고, 「빨강 머리 미용실」과 「장마」, 「엄습하는 봄」 등은 일상의 체험이 고스란히 묻어나는 시들로 구성된다. 전자는 다분히 그곳과의 일정한 거리와 그로 인해 파생되는 에너지로 쓰여진 시들이므로 무겁고 장중한 맛을 가지고, 후자는 밝고 경쾌한 빛깔의 시어들로 직조되어 있다.

이 작품은 후자의 경우를 대변한다. 2수의 맛깔스런 종장이 없었더라면 너무도 재미없는 시가 될 뻔 했다. 봄은 그냥 조심조심 오지 않는다. 정일근 시인들은 봄이 오는 것을 '계엄군'처럼 온다고 했고, 엘리어트는 장시「황무지」에서 "죽은 땅에서 라일락을 키워내고/ 추억과 욕정을 뒤섞으며…"라며 4월을 '가장 잔인한 달'이라고 역설적으로 표현하지 않았는가.

그렇다 봄은 이렇게 왈칵 엄습한다. 새떼들이 일열 횡대로 수다스럽게 지저귀고 가면 전깃줄은 봄의 씨앗을 밴다. 수많은 잎새들이 봄을 배고 곧이어 벌어지는 잉태의 몸짓들은 얼마나 소란한가. 마지막으로 "와인처럼 젖어드는 봄"에 이르면 '열병하는 나무들'과 '수다스런 새떼', '꽃구름 피운 자리' 등 자연 뿐만이 아니라 어느새 몸속에 들어와서 육화된 봄을 느끼고 만다.

이 시는 '시린 광선'이란 원경에서부터 출발하여 '오르막길'에 서 있는 나무들의 저만치의 거리를 거쳐, '전깃줄'과 '길을 지우는 저녁'이란 근경에 이르기까지 한 아름에 다가오는 봄의 정경을 재잘거리듯 그려내고 있다.

이처럼 일상성은 어떤 선입관에서 자유로우므로 신선한 표현을 가능케 한다. 위 시의 "수다스런 새떼가/앉았다 간 머리 위로/봄을 밴 전깃줄"이나 "여문 씨방 터져 나온 빗방울 씨앗"같은 표현도 재미있다. 이어진 부분, "남은 빛 점멸하여/길을 지우는 저녁"은 떠나온 자만이 느낄 수 있는 쓸쓸함이다. 완전히 사라지기 전, 점멸등처럼 어찌할 수 없는 미련을 갖는 마음은 노을빛이라기보다 하루의 수고에 값하는 시인의 마음이라 읽힌다. 잠시 후면 길도 지워지고, 나그네의 발길도 지워질 것이다. 시인의 휴식은 그리 달콤하진 않다. 숙명처럼 메모지에 지나온 길을 그려보고 그 그림들을 문자화해야 한다. 그런 숙제를 위해 즐겨 이 하루의 기행을 계획한 것이 아닌가.

    변덕스런 마음이 가위에 붙잡힌다
    비명 지를 겨를 없이 숨을 거둔 머리칼
    너무나 낯선 얼굴이 일그러지는 거울 속

    노화를 향한 반동으로 살아가는 몸붙이
    뜻밖에 정체된 관념 일일이 조상하며
    그 속에 소문난 일상 이스트로 부풀린 채

    한 여자 미용실 문을 확 여는 순간
    숨 가쁘게 달아나던 타인의 머리칼
    그때다 더불어 떠나려던 도발을 결심한 건

    능수버들 초록을 내지르는 강 언저리
    가슴팍에 돌멩이 던지고 돌아오는 길
    아프다, 대나무 뿌리처럼 번식하는 기억이

    금기처럼 새겨진 빨강 머리 빨강 글씨
    투명한 유리 너머 무의식을 죄다 자르는
    그 여자 왼손 가위질 오늘도 아찔하다

- 「빨강 머리 미용실」 전문

　이 시는 이숙경 시인의 말재간을 가장 잘 보여주는 시다. 장정일의 시 「샴푸의 요정」과 「요리사와 단식가」 등이 연상된다. 광고처럼 시시각각 변화하는 현대인의 일상성을 드러내면서 세상의 부조리를 거꾸로 물구나무서서 보여주는 어법은 얼마나 새로웠던가. 이 시는 초장에 말하고 중장에서 풀고 종장에서 맺는 귀결의 성향이 다소 공격적이다. 앞의 시들이 단아 혹은 소극적 서정성을 보여주었다면 이 시는 활달하고 적극적이다.
　5수 연시조는 이 시인에겐 흔치 않은 긴 축에 속하는 시일 것이다. 첫수를 장식하는 가위의 변덕, 숨을 거둔 머리칼, 거울 속 낯선 일그러진 얼굴은 위에 인용한 시들과는 분명 다른 호흡을 드러낸다. 그 호흡은 "비명 지를 겨를 없이" 숨을 거두는 급박함이다. 가위에 잘려져 나가는 것은 리스트에 부풀려진 정체된 관념들이다. 한 여성이 미용실의 문을 왈칵 열어젖히자 머리칼들은 바람 타고 일어선다. 횡에서 종으로의 변신을 시인은 "도발"이라 말한다. 네 번째 수는 나머지 네 수와는 전혀 다른 시어들로 구성된다. 물론 "초록을 내지르는"이라든지 "가슴팍에 돌멩이 던지고" 같은 구절들은 여전히 공격적이긴 하지만 능수버들과 강언덕, 대나무 뿌리의 기억들은 미용실과는 전혀 관계없는 것들이다. 바로 그간의 도발적 몸짓을 보인 사물들, 이를테면 잘려진 머리칼, 조상하는 관념 등은 자연 속에서 끈질긴 생명력으로 살아있는 것들에 대한 회구이면서 염원이다. "금기처럼 새겨진 빨강 머리", "투명한 유리"와 "가위질"은 서정이 배제된 차가운 사물이며 행위다. 유리문의 무의식을 건너 의식으로 돌아오자 시인은 문득 아찔해 진다.

7편의 시조를 읽으면서 시마다 다른 점과 유사점을 찾으려 노력해 보았다. 나름대로 각 시편들 마다 각각 따로 존재하는 빛깔과 여운이 있었다. 비록 아직은 생경한 표현이 거슬리기도 했지만 「빨강 머리 미용실」은 자유롭고 활달한 진취적 보폭을 보여주었다. 본인으로서는 「증도」 연작에 더 관심을 갖는 눈치지만 끊임없이 새로워야 한다는 명제를 놓고 볼 때 이런 실험들은 계속되어야 한다. 그리고 흙을 적당히 만지고 유약에 의존하기보다 치열한 장인정신으로 부수고 묻고 답하면서 단단한 그릇 하나를 구워내기 바란다. 아직은 성찰을 위한 도공이 되기보다는 성질 곧추세워 상처입고 상처 주는 도공이 되어야 한다. 여기에 시인의 성소가 있다. 인적 드문 곳이지만 참나무를 베고 가마를 짓고 독을 굽다보면 옹이 마디 큰 장이는 절로 탄생하는 것이다. 성소는 시심의 원천이다. 그러므로 성소를 지키기 위한 강한 호승심을 가져야 한다. 시의 터전은 시인 스스로 지켜야 하기 때문이다. 시조가 어엿한 문학 장르로 살아남으려면 시조인 개개인이 언어와 팽팽한 승부를 펼치지 않으면 안 된다. 그저 형식에 언어를 구겨 넣거나 너무 쉽게 종장의 비밀을 보여 주어서도 안 된다. 그만큼 치열해지지 않으면 좋은 시조를 낳을 수 없다. 이 글을 시작하면서 케테콜비츠를 거론한 것은 바로 대상과 자신의 일치에 골몰하는 예술가의 예술혼을 말하기 위함이었다. 이숙경 시인도 그런 냉엄한 자기검증을 통해 언어에 집착하는 명민한 광기의 시인이 되었으면 한다. 문운과 정진을 빈다.